W0179936

Elisa Klapheck

Wie ich Rabbinerin wurde

Elisa Klapheck

Wie ich Rabbinerin wurde

FREIBURG · BASEL · WIEN

MIX
Papier aus verantwor-
tungsvollen Quellen
FSC® C106847

FSC
www.fsc.org

© Verlag Herder GmbH, Freiburg im Breisgau 2012
Alle Rechte vorbehalten
www.herder.de

Umschlaggestaltung: Finken & Bumiller, Stuttgart
Umschlagmotiv: © Andreas Arnold

Satz: Susanne Lomer, Freiburg
Herstellung: fgb · freiburger graphische betriebe
www.fgb.de

Printed in Germany

ISBN 978-3-451-30474-3

Inhalt

1. Tora und Politologie

E s begann in Michals Garten.

Zwischen Obstbäumen und riesig hoch gewachsenem Gras sitzen Gabi, Rita und ich um einen verrosteten Gartentisch herum. Der Tisch sieht aus, als würde er schon seit Ewigkeiten an genau dieser Stelle stehen, allen Witterungen und Jahreszeiten ausgesetzt.

Es ist ein wunderbarer frühsommerlicher Nachmittag im Jahre 1983. Michal tritt durch die Hintertür des Hauses in den Garten. Hochschwanger hält sie ein großes Kuchenblech über ihren Bauch. Wir sehen ihr gespannt entgegen, niemand sagt etwas. Der Moment ist fast peinlich, aber irgendwie auch witzig. Auf dem Tisch liegen vier Bücher, die uns verlegen machen.

Ich besitze meinen *Tanach* erst seit Kurzem. Für teures Geld habe ich mir das dicke, in schwarzes Leder eingebundene Werk in Hebräisch mit Übersetzung beim Victor-Goldschmidt-Verlag in Basel bestellt. Ich bin überhaupt nicht religiös. Die anderen auch nicht. »Gott« ist ein merkwürdiges Wort für mich. Auch die anderen Wörter, die mir in Verbindung mit der Bibel einfallen – Glaube, Gnade, Frommsein, Demut – finde ich befremdlich. Der Religionsunterricht in meiner Kindheit hat mich nicht überzeugt. Als ich 13 Jahre alt bin, nutze ich die erste Gelegenheit und wähle das Fach ab. Seitdem bin ich, wenn überhaupt, nur noch zu den hohen Feiertagen in die Synagoge gegangen. Ein Stündchen zu *Rosch Haschana*, bis ich das *Schofar* gehört habe, gerade mal zu *Kol Nidre* an *Jom Kippur*, wobei ich den Gottesdienst stets vor seinem Ende wieder verlasse – um zu essen, zu trinken, zu rauchen, was auch immer. Alle paar

Jahre mal einen *Seder* an *Pessach,* wobei es mir in bewanderterer jüdischer Gesellschaft stets unangenehm ist, dass ich außer dem *Ma Nischtana* keine anderen hebräischen *Pessach*-Lieder mitsingen kann.

Neulich habe ich meiner Freundin und *Iwrit*-Lehrerin Michal vorgeschlagen, ab jetzt die Bibel in Hebräisch zu lesen – also das, was tatsächlich im Original steht. Es klingt geradezu verwegen. Ich bin selbst verblüfft von meiner Idee, und mehr noch von dem kühnen Unterton, den ich in meiner Stimme vernehme: »Let's read the Bible in Hebrew!« Ich sei so weit. Michals promptes »Yeah ...« und ihr belustigtes Gesicht dazu bedeuten, dass sie auf die unterschwellige Verwegenheit reagiert – als heckten wir etwas aus, als würden wir uns auf ein verbotenes Feld wagen.

Michal besuche ich regelmäßig, um von ihr *Iwrit* zu lernen. Dafür bringe ich ihr Deutsch bei. Vor noch nicht langer Zeit ist sie mit Sven in ein weit vom Hamburger Stadtzentrum entfernt gelegenes Häuschen gezogen. Beide sind Naturfreaks. Michal ist in einem Kibbuz in der Nähe des Gaza-Streifens aufgewachsen. Bevor die beiden nach Hamburg gekommen sind, haben sie irgendwo in der kanadischen Wildnis gelebt.

Sven hat in einem Seitenteil des Gartens Beete angelegt, auf denen das Gemüse wächst, das er und Michal für sich zum Essen brauchen. Michal studiert nicht, arbeitet nicht und macht eigentlich auch sonst nicht so richtig etwas. Sie wartet auf ihr Kind. Zu unserem Treffen hat sie Gabi eingeladen, ebenfalls eine Israelin, die aber schon seit Jahren in Deutschland lebt, eine Zeit lang Psychologie studiert hat und jetzt in einem Hamburger Blumengeschäft arbeitet. Ich habe Rita mitgebracht. Sie stammt aus Köln und hat dort, ähnlich wie ich früher in Düsseldorf, den Kindergarten der Jüdischen Gemeinde und später deren Religionsunterricht besucht. Jetzt studiert sie an der Hamburger Kunsthochschule Buchillustration und -design.

Wir sitzen also in Michals verwunschenem, verwildertem Garten mit den vier dicken Bibeln, die zwischen den Kaffeetassen und Kuchentellern auf dem verrosteten Gartentisch liegen,

und sehen schweigend zu, wie Michal den Pflaumenkuchen an-
schneidet. Plötzlich platzt sie, als wäre es ein Gag, in die ge-
spannte Stille hinein:

»Bereschit bara Elohim et haschamajim we'et ha'arez!« (»Im
Anfang schuf Gott Himmel und Erde.«)

Alle lachen.

Rita setzt eins drauf:

»We ha'arez haijta tohu wawohu!« (»Und die Erde war wüst
und leer.«)

Noch mehr Gelächter.

Wie von selbst nehmen wir unsere Bibeln und schlagen sie
auf.

Zum ersten Mal sehe ich den ersten Satz in seinen hebräischen
Buchstaben. Flirrend, weil noch ungewohnt, sprechen sie
mich aus archaischer Ewigkeit an. Der erste Buchstabe: ein
großes, fett geschriebenes *Bet* (B), dem eine Reihe von sieben
hebräischen Wörtern folgt, mit vokalisierenden Punkten und
Strichen über und unter, ja sogar in den Buchstaben, die mir
zwar vertraut, aber doch noch nicht sofort zugänglich sind.

Michal und Gabi sprechen fließend Hebräisch und haben
keine Mühe zu lesen. Rita, die längere Zeit in einem Kibbuz
gelebt und außerdem ein paar Semester Judaistik in Köln studiert hat, kommt einigermaßen gut durch den Text. Ich hingegen kann mich nur mit größter Mühe durch das Hebräisch
kämpfen. Für fast alle Wörter brauche ich eine Übersetzung.

Das ist mein Vorteil.

Mir zuliebe lesen die anderen ganz langsam, Wort für Wort,
Buchstabe für Buchstabe. Bei jedem Wort, das ich nicht kenne –
bei fast jedem Wort also frage ich nach einer genauen Übersetzung. Michal und Gabi, die beiden Israelinnen am Tisch, wissen sie mitunter auch nicht genau. Es stellt sich heraus, dass
jedes hebräische Wort mehrere Bedeutungsebenen hat. Das
liegt an der semitischen Grammatik, nach der sich in jedem
Wort ein Stamm von drei Konsonanten verbirgt, dessen Bedeutung jedoch in verschiedene Richtungen gehen kann. So fangen

wir an, über die verschiedenen Bedeutungen eines jeden Wortes zu diskutieren.

Lange sprechen wir über die ersten drei Worte der Hebräischen Bibel: *Bereschit bara Elohim …* (»Im Anfang schuf Gott …«). Rita bemerkt, dass das hebräische *bara* (»schaffen«) etymologisch mit dem Wort *brit* (»Bund«) zu tun haben könnte. *Bereschit bara Elohim* – »Im Anfang *schuf* Gott«. Ich frage in die Runde hinein, ob dieses »Schaffen« oder »Schöpfen« nicht zugleich auch als ein Akt des »Verbindens« zu verstehen sei: »Im Anfang *verband* Gott Himmel und Erde.« Nicht dass die Elemente des Alls nicht schon da gewesen wären. Sie bekämen jedoch erst eine Existenz in der Zeit, wenn sie als miteinander verbunden, in ihrer Beziehung zueinander gesehen würden: Leben entsteht in Beziehungen. Das bedeutet, dass der erste Satz in der Hebräischen Bibel keine willkürliche Schöpfung von einem willkürlichen Gott aus einem willkürlichen Nichts behaupten, sondern aufzeigen wolle, wie sich die Elemente aufeinander beziehen. »Gott« wäre dabei möglicherweise nur der Teil des menschlichen Bewusstseins, der anfängt, sich der Verbindung zwischen allem Leben gewahr zu werden. Der eigentliche kreative Schöpfungsakt läge dann darin, Beziehungen herzustellen.

Der erste Buchstabe ist nicht *Aleph* (A), sondern *Bet* (B). Der Anfang besteht bereits in der Vielheit, symbolisiert im zweiten Buchstaben des hebräischen Alphabetes mit dem Zahlenwert zwei. *Be…* heißt auf Hebräisch aber auch »in«. *Der Anfang entsteht in der Mitte einer Vielfalt.*

Was heißt *Elohim* – ins Deutsche übersetzt: »Gott«? Warum steht nicht *El*, also »Gott« im Singular? *Elohim* hat eine Pluralendung. Gabi verweist darauf, dass Gott an manchen Stellen im *Tanach* auch als *Eloha* bezeichnet wird. Ist *Eloha* nicht »Gott« mit einer weiblichen Endung? In der deutschen Übersetzung steht immer nur die eine Form »Gott«. Vielleicht drückt das hebräische Wort *Elohim* aus, dass im Anfang alles eins war – *El* und *Eloha*, männlich und weiblich, *Elohim*, Singular und Plural.

Als ich nach diesem Treffen mit meinem neu gekauften *Tanach* wieder nach Hause fahre, bin ich völlig high. Ein neuer Anfang ist gemacht. Ich habe drei Freundinnen und einen gemeinsamen Anhaltspunkt. Ab jetzt würde ich mich aus meiner labyrinthischen Bezugslosigkeit herausbewegen, in der ich mich befinde, seitdem ich wieder in Deutschland lebe. Wir würden uns von nun an jede Woche treffen, weiter lesen und weiter diskutieren.

Michal habe ich durch einen Aushang am Schwarzen Brett im Eingangsbereich der Hamburger Mensa kennengelernt. Jedes Mal, wenn ich an dem Meer von Zetteln mit Wohnungsgesuchen, Kauf- und Verkaufsangeboten vorbeigehe, springen mir das mit schwarzem Filzstift geschriebene »I teach Hebrew« und die dazugehörende Telefonnummer ins Auge. Doch erst als ich aus meiner Studenten-WG ausziehe, schreibe ich mir die Nummer auf und rufe an. Ich bin noch etwas niedergeschlagen von dem Gespräch mit meinen Mitbewohnern, das mir das Gefühl vermittelt, mich hoffnungslos im Abseits zu befinden. Die beiden haben mir kurz zuvor eröffnet, dass sie von mir enttäuscht seien: Ich würde an keiner der gemeinschaftlichen Aktivitäten wie etwa am gemeinsamen Kochen teilnehmen. Sie wünschten sich eine Mitbewohnerin, die zu einer wirklichen Gemeinschaft beitrage. Mit dem Gefühl, jetzt eine Entscheidung treffen zu müssen, steige ich aufs Fahrrad und fahre zur Mensa, wo der Zettel hängt.

Ein Jahr zuvor, als ich mein zukünftiges Domizil in Hamburg suche, träume ich selbst auch von einer WG, deren Bewohner sich mit ihren unterschiedlichen Interessen und unterschiedlichen Lebenswegen gegenseitig anregen. Der Hamburger Wohnungsmarkt bietet mir jedoch nicht meine Traum-WG. Es herrscht Mangel an günstigen Unterkünften. Mit mir konkurrieren Tausende anderer Studenten, die ebenfalls die Anzeigen lesen und sich um die wenigen frei gewordenen Zimmer in den Wohngemeinschaften bewerben. In einer Wohnung im Hamburger Stadtteil Ottensen ist ein schönes, geräumiges Zimmer mit zwei großen Fenstern frei. Schon als ich es sehe, male ich mir aus, wie ich es einrichten würde. Der eine WG-Bewohner studiert Physik, der andere Englisch auf Lehramt. Beide sind aus Norddeutschland und zum Studium nach Hamburg gezogen. Ich gebe mich in dem Vorstellungsgespräch so kommunikativ und Anteil nehmend, wie ich mich in meiner Phantasie gerne sehe. Die beiden entscheiden sich für mich – und eine Weile glaube ich, mich in dieser WG durchaus wohlfühlen zu können.

Doch schnell kapsele ich mich ab, schließe die Tür meines Zimmers, wenn meine Mitbewohner in der Küche kochen, bewege mich in meinem Zimmer nur ganz leise, um ihre Aufmerksamkeit nicht auf mich zu ziehen, und gebe Ausreden an, wenn sie abends ins Kino gehen und mich fragen, ob ich mitkommen wolle.

Als sie mir sagen, wie enttäuscht sie sind, fragen sie mich auch, warum ich mich von ihnen abwende. Unvermittelt kommt es mir über die Lippen: Ich fühle mich »als Jüdin« von ihnen unverstanden.

Nicht nur von ihnen. Insgesamt fühle ich mich alleine. Ich habe nicht damit gerechnet, dass mich meine Rückkehr nach Deutschland zunächst in die Depression führen würde. Täglich sitze ich unglücklich gestimmt im Vorlesungssaal oder Seminarraum – finde weder einen Bezug zu der Art, wie die Themen des Studiums der Politologie behandelt werden, noch zu den Studenten, die um mich herumsitzen. Ich kann meinen Kommilitonen weiß Gott nicht vorwerfen, allesamt Nazis zu sein oder aus der Geschichte nichts gelernt zu haben. Es ist eine sehr regierungskritische Zeit. In der Folge des Nato-Doppelbeschlusses fahren unzählige Studenten aus Hamburg zu den großen Demonstrationen nach Bonn und andernorts, etwa nach Gorleben, wo sie gegen den Bau des Atommüll-Endlagers protestieren. Viele von ihnen, so empfinde ich, haben sehr viel mehr Mut als ich, trotzen der Staatsmacht, lassen sich auf den Demos von der Polizei zusammenschlagen und nehmen in Kauf, mehrere Tage in Haft zu verbringen. Helmut Kohl ist noch nicht lange neuer Bundeskanzler. Im Eingangsbereich der

Mensa hängt ein Plakat mit seiner Karikatur als »Birne«. Gegenüber den anderen Studenten, die in den Seminaren des Institutes für Politische Wissenschaft der Uni Hamburg die Regierungspolitik gnadenlos niedertheoretisieren, nehme ich mich naiv und brav aus. Zwar denke ich überhaupt nicht regierungskonform, doch bringe ich, wenn überhaupt, nur eine bemühte Mitempörung auf. Auch die beiden Studenten in der WG denken politisch links, betonen immer wieder, wie wichtig es sei, »Widerstand zu leisten«, und grenzen sich dabei – ausgesprochen und unausgesprochen, in jedem Fall aber deutlich – auch vom Versagen der Deutschen gegenüber dem NS-Regime ab.

Der eine stammt aus einem norddeutschen Dorf, in dem seine Eltern einen Bauernhof betreiben. Er ist noch mit Plattdeutsch aufgewachsen und studiert als Erster seiner Familie an einer Universität. Der andere hat schon vor seinem Studium eine Berufsausbildung gemacht, mehrere Jahre gearbeitet und sich dabei in der Gewerkschaft engagiert. Über den zweiten Bildungsweg hat er das Abitur nachgeholt und kann jetzt studieren. Mich beeindrucken solche Aufbrüche aus sozialen Lebenswelten, die anders sind als die, die ich kenne. Grundsätzlich verkörpern sie eine Aussage, die meiner eigenen Anschauung entspricht: Emanzipation durch Bildung – gleiche Chancen für alle.

Aber jetzt, da das Stichwort »Jüdin« gefallen ist, klafft plötzlich ein Graben zwischen ihnen und mir, der bis zu diesem Augenblick noch nie so unüberbrückbar deutlich für mich zu spüren gewesen ist.

Die beiden Studenten haben ihn offensichtlich schon länger empfunden. Einer von ihnen entgegnet aufgebracht, dass er das nicht gelten lassen könne. Wenn ich mich als »Jüdin« bezeichne, komme es ihm wie ein Vorwand vor. Beide hätten sich um mich bemüht und versucht, mich einzubeziehen. Ich könne ihnen nicht vorwerfen, dass sie mich als Jüdin ausgrenzten. Meine jüdische Herkunft spiele für sie überhaupt keine Rolle. Wenn ich mich damit herausredete, »anders« zu sein, und mich deswegen ausschließe, erscheine ihnen dies inzwischen, als machte ich mir selbst etwas vor, als stähle ich mich aus einer Verantwortung, ohne dass ihnen die Gründe dafür ersichtlich wären. Weder würde ich als Jüdin anders leben noch andere Dinge tun noch anders sein.

Während sie reden, fühle ich mich unbeteiligt. Ich versuche zu erklären: Ich sei anders geprägt als sie. Doch meine Worte verirren sich in dem Graben zwischen uns. Sie verstehen nicht, was ich meine, wissen nichts darauf zu antworten. Ich habe keine Lust, konkreter zu werden und mich danach schlecht zu fühlen. Ich schlage vor auszuziehen. Es ist kein Abschied im Groll. Die beiden bieten mir großzügig viel Zeit an, eine neue Bleibe zu suchen. Später helfen sie mir beim Umzug in die winzige Dachwohnung, die ich im Stadtteil Altona gefunden habe.

Studiere ich das falsche Fach? Habe ich einen Fehler gemacht, nach Deutschland zurückzukehren? Ist Hamburg nicht die richtige Stadt für mich?

Warum habe ich so viel darangesetzt, wieder in Deutschland zu leben? Ich hätte es nicht gemusst. Es gab noch andere Möglichkeiten, aus Nimwegen, der katholischen Universitätsstadt in den Niederlanden, wegzugehen. Ich hätte auch nach Amsterdam ziehen können – eine Stadt, die viel mehr weltstädtisches Flair besitzt als jede deutsche Stadt. Ich hätte nach den zweieinhalb Jahren an der Universität in Nimwegen jetzt, da ich volljährig bin und nicht mehr in der Nähe meiner Eltern in Düsseldorf zu leben brauche, auch einen meiner alten Träume wahr machen können – in Paris studieren oder vielleicht sogar in New York!

Dass ich meinen Willen durchzusetzen verstehe, habe ich meinen Eltern bewiesen. Die halbjährige Lateinamerikareise unmittelbar nach der Zwischenprüfung versuchen sie noch zu verhindern: Trotzdem toure ich gemeinsam mit einer niederländischen Studienfreundin sechs Monate lang durch Süd- und Mittelamerika. Gegen meine Entscheidung, das Studium in Hamburg fortzusetzen, bringen Lilo und Konrad nur noch stillen Widerstand auf. Wäre es Paris gewesen, hätten sie mich unterstützt – weg von Deutschland, hin zu einem internationalen Leben.

Warum ausgerechnet Hamburg? Es gibt keinen Grund, hierhin zu ziehen. Ich kenne die Stadt nicht. Aber abgesehen von Düsseldorf, wo ich geboren bin, kenne ich auch keine andere deutsche Stadt. Es ist weder die Attraktivität der Universität noch sind es die Professoren des Instituts für Politische Wissenschaft, von denen ich unbedingt etwas lernen will, die mich nach Hamburg ziehen. Es sind lediglich ein paar Vorstellungen, die mich leiten, einen – letztlich beliebigen – Ort in Deutschland zu wählen, um wieder anzuknüpfen: Hamburg als eine Hafenstadt, das verbinde ich mit Weltoffenheit; Hamburg als eine verhältnismäßig liberale Stadt, das verbinde ich mit einer angelsächsischen Mentalität; Hamburg als eine schöne, gar elegante Stadt, ein wenig wie Paris. Das ist alles.

Dabei ist es gar nicht so einfach, in Hamburg anzukommen. Die Universitätsbehörde teilt mir während der Lateinamerikareise mit, dass sie meine Zeugnisse nicht anerkennt – weder meine Zwischenprüfung an der Universität Nimwegen noch mein englisches Abitur, das ich an einer internationalen Schule, einem Internat in den Niederlanden, gemacht habe. Ich stehe plötzlich ohne etwas da.

Meine Eltern sind darüber nicht unglücklich. Lilo besitzt in der Nähe von Nimwegen ein Haus, das sie von der Wiedergutmachung gekauft hat. Dort verbringt sie fast jedes Wochenende. Ich habe sie gebeten, während meiner Lateinamerikareise meine Studentenmöbel mit nach Düsseldorf zu bringen. Als ich zurückkomme, steht alles noch dort – meine Bücher, das Regal, der Schreibtisch, alles. Triumphierend zeigt mir Lilo den Brief der Universitätsbehörde, die meine Abschlüsse nicht anerkennt, redet nur von dem »Scheiß-Hamburg« und versteht nicht, warum ich da hinwill.

Ich kann selbst auch nicht sagen, was mich zu meiner Entscheidung veranlasst hat. Vielleicht die deutsche Sprache, die ich in den Niederlanden zunehmend verlerne und die ich brauchen werde, um mich ausdrücken zu können. Vielleicht die intellektuellen Tiefgänge des »deutschen Geistes«, die ich in der pragmatischeren Mentalität der Niederländer vermisst habe und die ich in New York ebenso wenig finden würde. Was immer es ist, ich würde Lilo die Gründe nicht vermitteln können. Nach den Jahren, die ich nicht zu Hause, sondern im Internat aufgewachsen bin, ist ein Band zwischen uns zerrissen. Es hat alles damit zu tun, dass ich Jüdin bin.

Lilo ist 1935 in Rotterdam geboren. Dorthin sind ihre Eltern geflüchtet. Lilo spricht, als sie als kleines Mädchen irgendwann in den 40er Jahren in einem Versteck in Deutschland untergebracht wird, nur Niederländisch und Französisch. Da hat sie schon eine lange Odyssee durch Europa hinter sich – angefangen 1940 mit dem deutschen Bombardement auf Rotterdam, dann die Flucht nach Belgien, Frankreich und schließlich in die Schweiz, die alle deutschen Juden wieder nach Deutschland zurückschickt. Unter Deutschen zu leben bedeutet für Lilo, täglich die Zeichen der Verfolgung wiederzuerkennen. Die kleinste Unstimmigkeit im Alltag reicht aus, das Horrorszenario ihrer Kindheit heraufzubeschwören. Demgegenüber bleibt »Holland« für Lilo das Sinnbild einer toleranten, liberalen und gerechten Gesellschaft, die stets die jüdischen Flüchtlinge willkommen geheißen hat: das Land Spinozas, des marranischen Juden, der die philosophischen Grundlagen für den modernen freiheitlichen Staat legt, und das Land Rembrandts, der sich mit dem »Volk Israel« identifiziert, jenes kleine Land ohne Anspruch auf Weltherrschaft, das, wie Lilo meint, ohne Vorurteile sei, aufgeschlossen und weltoffen, ja schon fast selbst jüdisch, und das so furchtbar unter der deutschen Besatzung gelitten hat – unter der Zwangsarbeit im »Arbeitsdienst«, dem Hungerwinter von 1944, als die Menschen, wie Lilo es ausdrückt, »wie die Fliegen auf der Straße zusammenklappen«, und dem Ende des Krieges, als die abziehenden Deutschen alle Deiche stechen, um das ganze Land unter Wasser zu setzen.

Mein Vater, ein erfolgreicher moderner deutscher Kunstmaler, verhält sich gegenüber den wachsenden seelischen Problemen meiner Mutter hilflos. Sie belasten zunehmend die Familie und führen zu immer unerträglicher werdenden Spannungen zwischen Lilo und mir. Mit 13 Jahren werde ich in ein Internat im Nordosten der Niederlande eingeschult.

Ich lerne jedoch andere Niederlanden kennen als Lilo – ich erlebe ein Land, in dem ein jüdisches Mädchen in den 70er Jahren mindestens genauso viele unangenehme Erfahrungen machen kann wie zur gleichen Zeit in Deutschland. In dem Internat leben überwiegend Schüler aus Familien der vermögenden niederländischen Unternehmerschicht. Die Nachkriegszeit, in der es noch einfach ist, zwischen Gut und Böse zu unterscheiden – das heißt zwischen Freiheit und Gerechtigkeit auf der einen Seite und deutscher NS-Besatzung und Willkürherrschaft auf der anderen –, ist dieser jüngeren Generation kaum mehr präsent.

In Internaten treffen sich nicht unbedingt die Begabtesten und Kultiviertesten, sondern oft die Kinder, an denen die Eltern gescheitert sind. Auch hier in der *International School Eerde* ist dies so. Ich empfinde mich unverhofft an einen Ort verbannt, dessen Atmosphäre fortwährend von Gewalt getränkt ist. Unter den Jugendlichen herrscht eine klare Hackordnung. Als Deutsche, die anfangs noch mit Akzent Niederländisch und Englisch spricht, habe ich schlechte Karten. Ich wirke arglos, mache anfangs immer meine Hausaufgaben, schwänze den Unterricht nicht, interessiere mich für den Schulstoff, schließe mich den Kiffrunden nicht an und lasse es bei den Avancen eines Jungen, obwohl ich verliebt bin, nicht richtig zum Sex kommen, was sich unter allen Jungen herumspricht. Ich bin das *duitse trutje* – das »deutsche Schnepfchen«. Was deutsch ist, ist verpönt. Eigentlich bin ich selbst auch deutschfeindlich gesinnt. Ich habe aber nicht erwartet, selber einmal zur Zielscheibe für deutschfeindliche Sprüche zu werden. Doch auch mein Jüdischsein erntet verächtliche Bemerkungen.

Aus dem alten Schulrektor, Kees Oudshoorn, spricht noch die geistige Haltung, mit der Quäker hier in den 30er Jahren ein Internat für jüdische Flüchtlingskinder aus Deutschland eingerichtet haben, um sie für die Emigration nach England vorzubereiten. Mehrere Freunde von Lilo und Konrad sind auf diese Schule gegangen. Herr Oudshoorn, selbst auch ein Quäker, verehrt Lilo und behandelt mich mit besonderem Wohlwollen. Ich besuche ihn regelmäßig zu Hause in seinem Arbeitszimmer mit einer damals für mich beeindruckend großen Bibliothek. Er redet über Literatur, Geschichte und Politik, mitunter auch über meine Zukunft, was ich wohl studieren würde. In ihm begegne ich einem konservativen und zugleich liberalen Ethos, das von grundsätzlicher Anteilnahme für den Anderen bestimmt ist. Herr Oudshoorn erläutert mir zum Beispiel, warum er als gut verdienender Schulrektor Mitglied der VVD, der niederländischen rechtsliberalen Partei, geworden sei. Politische Einstellungen, so erklärt er, seien relativ: Würde er aus einer Arbeiterfamilie stammen und hätte er als junger Mann um Bildung und bessere Berufschancen kämpfen müssen, wäre er möglicherweise Kommunist geworden.

Diese Souveränität, die stets einen Kern von Milde enthält, sich sogar aus ihr speist, ist typisch für seine, die Kriegsgeneration, aber schon nicht mehr für die Eltern seiner Schüler. Einer von ihnen erzählt in meiner Anwesenheit einen »Judenwitz«. Er will mich damit vor den anderen Schülern aufziehen. Ich versuche moralisch zu kontern und werfe ihm vor, die »Opfer« zu verhöhnen. Er entgegnet:»Objektiv gesehen war Hitler ein intelligenter Politiker, dem es gelungen ist, die Wirtschaftskrise zu beheben. Als Deutsche müsste dir das doch recht sein.« Mein Herz klopft ohnmächtig:»Ich bin aber Jüdin.« Er sagt mir ins Gesicht:»Mal bist du Deutsche. Und wenn's dir recht ist, bist du wieder Jüdin.« Die anderen pflichten seinen Worten mit zustimmenden Geräuschen bei. Eine Schülerin, mit der ich ein Jahr lang das Zimmer teilen muss, erklärt zu Beginn des Schuljahres gegenüber der »Hausmutter«, dass sie bereit wäre, mit jedem Mädchen das Zimmer zu teilen außer mit einer Jüdin.

Als wir beide dasselbe Zimmer bekommen, frage ich sie, warum sie keine jüdische Zimmerpartnerin wolle. Sie sagt: »Ich kann Juden nicht ausstehen. Die reden immer nur vom Holocaust und dass sie Opfer sind.«

In den zynischen Sprüchen der Schüler spiegelt sich die Unternehmerideologie der Eltern wider. Es ist ein Liberalismus der Gewinner. Wer erfolgreich ist, braucht sich um die anderen nicht zu scheren. Die weniger Erfolgreichen, die gar Gescheiterten und vor allem die »Underdogs« sind alle selbst schuld an ihrer Lage. Es gehört zu dieser Ideologie – zumindest so, wie sie in diesen Jugendlichen widerhallt –, »seine Meinung zu sagen«, das heißt ein Recht darauf zu haben, den vom Schicksal weniger Begünstigten unverblümt auf sein Unvermögen zu verweisen.

Einmal im Monat fahre ich mit dem Zug nach Hause. Die Fahrt dauert etwa fünf Stunden, ich muss mehrfach umsteigen. Die Schienen, die Zuggeräusche, meine Einsamkeit beim Warten auf den Bahnsteigen, der Anblick der Güterwaggons auf den Abstellgleisen, in die ich meinen projektionsbereiten Blick versenke, die tabuisierten Konflikte zu Hause, die sich in hässlichen Szenen zwischen Lilo und mir entladen, ebenso wie die einschüchternde, verletzende Grobheit der Schüler im Internat – dies alles verwandle ich zu einer Reise auf Gefühlsbahnen, die ich als zutiefst »jüdisch« empfinde und auf denen ich immer wieder meinen eigenen Weg ins KZ phantasiere. In dieser Zeit läuft die Serie »Holocaust«. Als meine Mitschüler und ich sie abends im Fernsehen sehen, leite ich aus dem Geflecht meiner unglücklichen Gefühle längst eine »jüdische« Identität ab, von der ich noch nicht weiß, dass sie zur selben Zeit Tausende von Juden in meinem Alter ebenfalls so oder ähnlich herausbilden. Ich werde später Jahre brauchen, um mich von ihr wieder zu befreien – es ist die Identität der »zweiten Generation«, der Kinder der Überlebenden der *Schoa*.

Obwohl Lilo und Konrad um mein Leiden im Internat wissen, heißen sie diese sich in mir formende jüdische Identität doch gut. Ich soll Jüdin sein. Ich soll eine Identität annehmen, die immer wieder bewirkt, dass man anders ist und nicht dazugehört. Die damit verbundenen schmerzlichen Erfahrungen werden hingenommen, da gerade durch sie die Werte entstehen, die Lilo und Konrad bejahen. Über meine Beschreibungen der Schüler wird bei uns zu Hause gelacht. Ich stelle deren geistlose Primitivität heraus und lande damit Punkte in meiner Familie. Wir sind – schon aufgrund unserer Wahrnehmung der anderen – anders. Mit der in meiner Familie gepflegten jüdischen Identität ist es von vornherein unmöglich, zur Masse des Normalen und Durchschnittlichen, zu jeder Art von Mehrheit zu gehören. Man braucht deshalb nicht religiös zu sein. Die jüdische Religionspraxis ist nur eine der vielen Möglichkeiten dieser Identität. Die meisten Juden sind nicht religiös. Auch Lilo und Konrad sind es nicht. Man braucht für diese Identität nicht einmal Jude zu sein, wie Konrad selbst auch kein Jude ist. Aber die jüdische Religion weiß um den Preis, den man für diese Identität zahlt. Konrad begrüßt es deshalb, wenn seine Kinder auch am religiösen Leben teilnehmen, auch wenn er dieses selbst nicht praktiziert. Als ich mich an einem *Jom Kippur* zunächst weigere, mit Lilo in die Synagoge zu gehen, weil mich die endlosen Stunden mit hebräischen Gebeten langweilen, sagt Konrad: »Heute ist *Jiskor*. Die Mama denkt an ihren ermordeten Vater. Du solltest sie dabei unterstützen.«

Konrad identifiziert sich mit dem Außenseitertum eines Franz Kafka oder Gustav Mahler. Er will nicht als »deutscher Künstler« gelten, pocht darauf, dass »echte« Kunst nicht national gebunden sei, und fühlt sich unter seinen surrealistischen Freunden in Paris zu Hause, die ihn nicht als »Deutschen« abstempeln, sondern als »Künstler« akzeptieren. Als er Lilo heiratet, tritt er aus der evangelischen Kirche aus. Er unterstützt Lilos Engagement in der Jüdischen Gemeinde. Sie organisiert Kunstauktionen für die *WIZO*, deren Erlös karitativen Zwecken in Israel zugutekommt. So bringt sie die Künstlerszene in die Gemeinde. Konrad, der bei solchen Anlässen als Auktionator fungiert, ist unter den Düsseldorfer Juden sehr populär. Niemand wirft ihm vor, Deutscher zu sein. Auch seine Eltern sind in der Gemeinde geachtet: Anna, Professorin und Kunsthistorikerin, die regelmäßig Ausstellungsrezensionen in der *Rheinischen Post* veröffentlicht und ein Buch über den Maler Jankl Adler geschrieben hat, und Richard, auch er ein Kunsthistoriker, der unter den Nazis aus der Kunstakademie hinausgeflogen ist, nicht lange danach stirbt, aber wichtige Bücher über jüdische Baudenkmäler am Niederrhein und über die Synagoge in Essen verfasst hat.

Als mein zwei Jahre jüngerer Bruder, David, seine *Bar Mizwa* macht, hält Konrad eine Rede, bei der alle Gemeindemitglieder weinen. Die meisten Anwesenden der älteren Generation sind Überlebende aus Konzentrationslagern. Konrad sagt, dass er, obwohl er selbst kein Jude sei, das Judentum seiner Kinder immer gefördert habe, damit sie wissen, dass sie einen Ort haben, an dem sie immer zu Hause sind. Wo immer auf der Welt wir – David und Elisa – seien, bräuchten wir bloß am Schabbat in die Synagoge zu gehen. Wir würden dort Menschen antreffen, die allein schon als Juden Weltbürger seien – und die eine 2000 Jahre alte Geschichte des Andersseins und damit der Menschlichkeit in sich trügen, wodurch sie immer auch um die andere Seite des gerade Angesagten wüssten.

Lilo schenkt mir ein Buch von Helen Epstein: *Children of the Holocaust. Conversations with Sons and Daughters of Survivors.* Dieses Werk ist das erste dieser Art, das sich den Kindern der Überlebenden der *Schoa* widmet. Es prägt in den kommenden Jahrzehnten den Begriff »zweite Generation« und beschreibt, wie die Eltern das in der *Schoa* erlittene Trauma unbewusst an ihre Kinder weitergeben. Es beschreibt auch, wie die Kinder versuchen, sich dessen zu erwehren, dabei jedoch Gefühle von Schuld und Verrat gegenüber den überlebenden Eltern entwickeln.

In dieser Geste erkenne ich, dass Lilo versteht, was zwischen ihr und mir vorgeht. Ich will nicht annehmen, was sie mir aufzwingen will – wenn sie nachts in mein Zimmer kommt und mich weckt, um mir unvermittelt zu beschreiben, wie die Nazis ihre Großeltern, Isaak und Charlotte, abholen und das alte Paar die Treppe hinunterprügeln; oder wie die Nazis kommen, irgendetwas von ihren Eltern, Anita und David, wollen, und als Lilos Hund, ein Foxterrier namens Schuschu, bellt, diesen vor ihren Augen erschießen; oder wie sie mit französischen Kindern in der Baracke eines Arbeitslagers haust und als erste deutsche Worte »Scheiss-Jude« und »Herr Hitteler« lernt; oder wie sie nach der Befreiung monatelang nur Graupensuppe essen darf, weil ihr ausgehungerter Kindermagen kein festes Essen mehr verträgt; oder wie sie und Anita jahrelang auf David warten, der aus Auschwitz nicht mehr zurückkommt. Anfangs höre ich beklommen zu, später versuche ich, sie zu unterbrechen, dann schreie ich. Sie soll aufhören! Da ich herausgefunden habe, dass manches, was sie erzählt, allein schon zeitlich nicht stimmen kann, glaube ich ihr fast nichts mehr und werfe ihr vor, die Nazizeit zu benutzen, um mich damit zu drangsalieren.

Die eigentliche Initiationsszene geschieht, noch Jahre bevor ich ins Internat eingeschult werde, als ich mich mit meinem Bruder streite und ihn unversehens ohrfeige. Lilo, die diese Szene beobachtet hat, ist fassungslos: »Was? Du schlägst deinen jüngeren Bruder – den Schwächeren? Wie ein SS-Mann!« Dann reißt sie mich an der Hand in Konrads Zimmer. Dort steht ein großer Bücherschrank mit vielen Kunstbüchern. Daneben ein Regal mit »jüdischer« Literatur. Es sind Bücher über das NS-Regime. Lilo zieht den Band *Der gelbe Stern* heraus und fordert mich immer wieder auf, die Fotos anzusehen. Zum ersten Mal sehe ich die Schwarzweiß-Aufnahmen von SS-Männern und gepeinigten Juden, von ausgehungerten, halb toten Menschen im Warschauer Ghetto und von Leichenbergen in Auschwitz.

Lilo ist von ihrem Verhalten selbst schockiert. Sie verbietet mir, noch mal an dieses Bücherregal zu gehen. Ich sei noch zu jung dafür. Doch ich kann mich von diesem Thema nicht mehr lösen. Wenn ich zu Hause allein bin, gehe ich sofort an das Regal und lese so in kürzester Zeit alles, was Lilo dort an Literatur über die NS-Zeit gesammelt hat. Es sind zwei lange Bücherreihen mit Berichten von Überlebenden, Analysen des NS-Systems und immer wieder albtraumhaften Fotos von Massengräbern, Ghettos und Lagern, von Gaskammern, Krematorien, Baracken und Stacheldraht, von Kindern mit eintätowierten Nummern auf dem Arm, von nackten Männern und Frauen vor der Gaskammer, von gefolterten, ausgemergelten Menschen in Häftlingsuniformen. Irgendwo dort ist auch ein Teil meiner Familie verschwunden. Heimlich durchstöbere ich den Biedermeiersekretär in Lilos Zimmer und finde dort Dokumente, die ihren Vater, David, für tot erklären, Briefe von einem Freund Davids an Anita, der in derselben Baracke in Auschwitz war und mit ihm zusammen Sklavenarbeit geleistet hat, einen Ausweis Anitas vom Entschädigungsamt und ihre Anerkennung auf Wiedergutmachung.

All dies beziehe ich auch auf mich. Aber aus Lilos Mund ertrage ich es nicht, es zu hören. Ich flüchte zu »Oma Anna« – meinem einzigen Großelternteil, der noch am Leben ist, Konrads Mutter, die Kunstprofessorin. Sie gehört zur ersten Generation von Studentinnen in Deutschland. Ich besuche sie, sooft ich kann. Anna erzählt mir »bessere« Geschichten, von denen ich nicht genug hören kann – wie sie aus ihrem großbürgerlichen Elternhaus ausbricht und zeitgleich mit Hannah Arendt in den 20er Jahren in Marburg Philosophie, Kunstgeschichte und Archäologie studiert, wie sie eine Romanze mit ihrem Professor hat, wie mein Großvater Richard, ein Lebemann und Kunstprofessor, nach nur einer Begegnung mit ihr beschließt, sie zu heiraten, wie sie und Konrad in einem sächsischen Dorf von den Russen befreit werden und sie als einzige Nazi-Gegnerin einen bevorrechtigten Status vor all den anderen Frauen genießt. »Elisa ist mein Kind«, sagt Anna. Sie erzählt mir, dass sie sich eine weniger schwierige Schwiegertochter als Lilo gewünscht habe – eine, die »in einer netten Gesellschaft nicht gleich von Auschwitz anfängt und damit die Stimmung zerstört«. Anna ist die Einzige, der ich die Szenen zwischen Lilo und mir anvertraue, wenngleich ich ihr die schlimmsten Momente nicht beschreibe. Ich gehe nur bis zu einem gewissen Punkt – ab da schütze ich Lilo, vielleicht auch mich selbst. Auch wenn ich Lilo kaum etwas glaube, will ich nichts von Anna hören, das Lilos Erinnerungen entwerten könnte. Anna meint, dass Lilo in eine gesellschaftlich höher stehende Familie eingeheiratet habe und deswegen dankbar sein müsste. Doch Lilo meint, dass Annas Familie, also Konrads Verwandte, in ihrem arroganten, bildungsbürgerlichen Dünkel nicht besser seien als all die anderen Deutschen, die – selbst wenn sie keine Nazis waren – unbeteiligt zusahen, als die Juden abholt wurden.

Nach nur drei Jahren muss mich Lilo wieder aus dem Internat abholen. Meine Eltern wollen es mir zuerst nicht glauben: Mit zielstrebiger Disziplin habe ich es geschafft, schon mit 16 Jahren das englische Abitur abzulegen – viel früher als erwartet. Lilo, die mich drei Jahre zuvor ins Internat gefahren hat, holt mich wieder ab. »Ich weiß ja, dass du dich stärker als ich fühlst«, hat sie mir schon oft gesagt, oder: »Jetzt kannst du dich mir ja wieder überlegen fühlen.« Doch auf der Autofahrt nach Düsseldorf schweigen wir beide.

Als die Universitätsbehörde meine Abschlüsse nicht anerkennt, fahre ich nach Hamburg, gehe zum Leiter des Instituts für Politische Wissenschaft und nötige ihm eine Unterschrift ab, die alle niederländischen Zeugnisse nachträglich anerkennt. Innerhalb weniger Tage finde ich das Zimmer in der WG. Zusammen mit Lilo hole ich meine Sachen aus ihrem Haus bei Nimwegen ab. Anschließend fährt sie mich nach Hamburg.

Sollte ich vielleicht etwas anderes als Politologie studieren? Zusätzlich studiere ich jetzt in Hamburg noch Jura. Schnell stelle ich fest, dass mich eigentlich nur die hinter der Jurisprudenz stehenden Ideen von angewandter Ethik und Moral interessieren, nicht aber die einzelnen Fälle von Rechtsstreitigkeiten, die man mit Hilfe von Paragraphen in den Klausuren lösen muss. Ich versuche es vorübergehend mit Philosophie, dann

Geschichte, zwischenzeitlich auch mal Anthropologie und Ethnologie. Jedes Mal erkenne ich, dass Politologie die richtige Wahl ist. Aber was ich lerne, vermag ich nicht anzuwenden. Etwas »fehlt«. Die Themen interessieren mich. Doch keine der politologischen Schulen, keine der politischen Theorien und Begriffe verankern sich in mir zu einem geistigen Fundament, auf dem ich eigenständig weiterdenken würde. Nichts kommt mir überzeugend über die Lippen. Alles hört sich angelernt und entsprechend unsicher an. Ich habe aber auch kein anderes Instrumentarium, um mich politologisch auszudrücken.

Im ersten Jahr in Hamburg wirkt ein psychischer Dominoeffekt, bei dem sich alles, was ich studiere, irgendwann in ein bezugloses Nichts verirrt. Fast verzweifle ich daran, wenn ich nicht gleichzeitig einen sich immer wieder entzündenden Drang spüre, etwas zu artikulieren, ohne ihm jedoch schon Worte geben zu können. Manchmal blitzt etwas auf, zum Beispiel als ich von Konrad Lorenz *Das sogenannte Böse* lese. Mich befällt ein ungeduldiger Drang, die sich plötzlich turbulent bemerkbar machenden geistigen Regungen auszudrücken. Ich versuche es aufzuschreiben. Aber es entstehen nur Fragmente von Sätzen.

Es liegt teilweise am Tenor der meisten Diskussionen in den Seminaren – dem »kritischen Ansatz«. Er delegitimiert die »Herrschenden« und das »System«. Die Bösen sind danach die »Starken« und »Mächtigen«, die Guten hingegen die »Schwachen« und »Ohnmächtigen«. Ich kann nicht genau sagen, was mir daran nicht behagt. Im Prinzip müsste ich zustimmen. Stattdessen wirkt mein mich bezuglos machender geistiger Dominoeffekt fort. Selbst wenn es um das NS-Regime und die deutsche Nachkriegszeit geht, werden mir die Studenten nicht dadurch näher, dass sie minutiös die Schuld der Deutschen zerlegen und die ältere Generation bezichtigen, die Verbrechen zu verdrängen. Die für mich wichtige Frage ist nicht: Wie zerlegt man Macht und Überlegenheit? Sondern umgekehrt: Wie baut man sie auf?! Gerade wenn man aus dem Kreise der »Machtlosen« kommt. Doch diese Frage ist politisch nicht korrekt.

Noch in Nimwegen hat mich die unheimliche, vernichtende Schlagkraft eines hochbegabten Kommilitonen berührt, der das rücksichtslose Weltbild der Gewinner, das ich noch vom Internat her kenne, politologisch unterbaut. Keiner vermag diesem Studenten – über intuitive Ablehnung hinaus – etwas entgegenzusetzen. Meine erotische Begegnung mit ihm ist für mich psychisch folgenreich. Meine israelische Freundin Michal, der ich davon erzähle, weiß sofort, wovon ich rede. Wir teilen das Wissen, dass man nicht »deutsch« und auch nicht »Nazi« sein muss, um ein Nazi zu sein. Für Michals Mutter in Israel, auch sie eine Überlebende der *Schoa*, ist es eine unbegreifliche Schande, dass ihre Tochter jetzt in Deutschland lebt. Auch Lilo hätte mich lieber in einem anderen Land gewusst. Aber Michals »nazi guy« ist Engländer, meiner Niederländer. Michals »nazi guy« ist ein linksradikaler Anarchist, meiner ein radikal-elitärer Liberaler.

Michal gestehe ich meine verbotenen, politisch unkorrekten Gedanken: Woher wissen wir, dass die Nazis im »Unrecht« gewesen sind? Was definiert »Recht« und »Unrecht«? Beruht nicht alles auf Ideologie? Und ist nicht jede Ideologie willkürlich und damit moralisch wertfrei? Misst sich nicht jede Ideologie daran, ob sie »funktioniert«? Die Nazis haben den Zweiten Weltkrieg verloren, sie sind an der von ihnen geschaffenen Wirklichkeit des »Totalen Krieges« gescheitert. Vielleicht hätte sich ihre Ideologie ohne den Krieg durchgesetzt und alle würden heute an sie glauben. Jedenfalls kann sie eine solche Schlagkraft entfalten, dass sich durch sie ein ganzes Volk stark und überlegen fühlt. Sie kann »erfolgreich« sein. Sie kann »funktionieren«. Oder gibt es doch etwas, das nicht nur unhinterfragbar, sondern von vornherein stärker und erfolgreicher ist und das Unrecht letztlich immer besiegen wird?

Diese mich beunruhigenden Fragen verdichten sich zu einer Obsession. Sie rührt fortwährend an meiner Identität als Jüdin, die zu großen Teilen darin besteht, der Übermacht der Mehrheitsbevölkerung ausgesetzt und damit immer potentielles »Opfer« sein zu können. Dem entspricht auch die lange jüdische Geschichte von Verfolgung und Vernichtung. Solange ich dem nicht eine stärkere Macht entgegensetzen könnte, so lange wäre auch ich ein potentielles Opfer, so lange könnte »es« wieder geschehen. Dagegen wäre auch der »kritische Ansatz« der Politologiestudenten machtlos.

Ich ahne, dass diese andere Macht nur aus dem jüdischen Geist selbst hervorkommen kann. Doch diesen vermag ich – außer als Geschichte von Verfolgung und Vernichtung – nicht zu bestimmen. Stattdessen beiße ich mich an den »Vernichtern« fest, will ihnen auf die Schliche kommen, lese besessen die Werke von Nazi-Vordenkern: Nietzsche, Spengler, von Clausewitz, Carl Schmitt oder Heidegger – nicht die primitiven Antisemiten, sondern die elitären Denker, die zu fein waren, um sich im Judenhass zu suhlen, und in deren Weltbild das Jüdische gar nicht vorkommt. Meine Obsession beschränkt sich nicht nur auf deutsche Autoren. Genauso lese ich Bücher von elitären Denkern, die einen angelsächsisch geprägten Liberalismus entwickeln, der von allem Jüdischen genauso »gereinigt« ist, ohne sich hierfür jedoch in feindselige Abgrenzungen zu ergehen – ein Weltbild, in dem das Jüdische von vornherein keinen Ort hat. Anhand solcher, von mir als »antijüdisch« empfundener Denker versuche ich, für mich das Jüdische als Gegenpol auszumachen. Doch es will mir nicht gelingen.

Seit jenem Frühsommertag tauchen wir jedes Wochenende ohne inhaltliche Vorgaben und ohne Zeitdruck in den biblischen Text ein. Satz für Satz, Wort für Wort, Buchstabe für Buchstabe. Kein Rabbiner, kein Lehrer, kein besser Bewanderter schreibt uns vor, wie wir ihn zu lesen und zu verstehen hätten. Sehr langsam, mit größtem Ernst bei der Sache, aber auch mit viel Vergnügen bewegen sich Michal, Gabi, Rita und ich durch die ersten Kapitel des *Tanach*. Jede bringt eine eigene Perspektive ein. Wir folgen jedem Einfall, jeder Idee, jeder symbolischen Bedeutung, die hinter dem Geschriebenen stehen könnte.

Die Rolle des Weiblichen ist ein Thema, über das wir lange diskutieren. Von der deutschen Übersetzung her sind wir an die Männlichkeit Gottes gewöhnt. Doch im hebräischen Original lösen sich die männlichen Attribute Gottes vollkommen auf. Der Begriff *Elohim* ist nicht männlich. Ebenso wenig ist es der für Juden unaussprechbare Name Gottes, das Tetragramm *JHWH*, an dessen Stelle in der deutschen Übersetzung »der Herr« steht.

Rita klärt uns auf, dass *JHWH* eine Symbiose von *haja – howej – jehi* sei: »es war – es ist – es wird sein«, also: »ewig seiend«. Nur so lesen und verstehen wir ab jetzt das Tetragramm.

Auch die zwei verschiedenen Schöpfungsberichte – die Erschaffung der Welt in sieben Tagen im ersten Kapitel und die Erschaffung Evas aus Adam im zweiten – bekommen im hebräischen Original eine unvermutet neue Wendung. Wir analysieren sie minutiös und stellen fest, dass nicht der Mann, sondern die Frau – noch vor dem Mann – erschaffen beziehungsweise herausgestellt oder erkennbar wird. *Adam* heißt auf Hebräisch »Mensch«. Der erste Mensch ist sowohl männlich als auch weiblich. Dann versetzt ihn Gott in einen Schlaf und entnimmt ihm eine *zela*. Dieses Wort wird üblicherweise mit »Rippe« übersetzt, heißt aber zugleich auch »Seite«. Gott nimmt aus dem Menschen eine »Seite« und stellt sie als »Frau« heraus – als ein Medium zwischen Mensch und Gott. Dieses Medium, das gebären und somit die Schöpfung fortsetzen kann, weist über die Sterblichkeit des Menschen hinaus, bettet ihn in ein ewiges Weiter ein und überwindet die Einsamkeit des Todes. Der Mensch erkennt in dem von Gott geschaffenen Medium die »Frau« und erst an diesem Medium sich selbst als »Mann«.

Der Name Adam wird zur Chiffre für »Menschheit«. Diese hat sowohl männliche als auch weibliche Mitglieder. Doch wenn sie sich allgemein, das heißt im Namen aller, ausdrückt, tut sie dies, allein schon grammatikalisch, in männlichen Formen. Das Allgemeine – das »man« – ist männlich. Das abweichend Besondere hingegen wird herausgestellt durch die weibliche Endung *-in*. Doch das Allgemeine erkennt sich an dem Besonderen: dem Weiblichen, der *Chawa* (Eva, »Leben«), der »Mutter allen Lebens«, dem Medium zwischen Gott und Menschheit. Das – so deute ich den Text gegenüber meinen Freundinnen – drückt die Geschichte von der Erschaffung oder besser: von der Herausstellung der Frau aus.

Keine von uns steht unter dem apologetischen Zwang, das, was in der Bibel steht, gut oder gar heilig finden zu müssen. In unseren Lesarten spiegeln sich unsere thematischen Vorlieben wider: Michal entwickelt bei der Geschichte von Kain und Abel eine Theorie über den Konflikt zweier Menschheitsepochen – der im Kreislauf der Natur lebende Bauer, Kain, und der Tiere tötende Hirte, Abel. Gott nimmt in dieser Geschichte Abels Opfer an, begünstigt also den Hirten, der anders als sein vegetarischer Bruder nicht nur sät und erntet, sondern der über Lebewesen herrscht und sie tötet. Michal, die sich mit dem vegetarischen Bauern identifiziert, kann Gottes Entscheidung nicht akzeptieren, sie steht auf Kains Seite, wenngleich sie den Mord an Kains Bruder nicht gutheißt. Wir führen eine erste Diskussion darüber, wie politisch die Bibel ist, wie weit sie einen Diskurs über Herrschaftssysteme darstellt.

Mit unserer Art zu lesen kommen wir nur sehr langsam vorwärts. Nach einem Jahr, in dem wir uns an jedem Wochenende reihum bei einer von uns vieren treffen, sind wir gerade einmal bei den Geschichten um Abraham angelangt. Aber jede bahnt sich mit zum Teil sehr tief gehenden Deutungen einen eigenen, unbekümmerten Zugang.

Michal, die inzwischen ihr Kind geboren hat, fasziniert alles, was mit Schwangerschaft und Geburt zu tun hat. Sie rechnet aus, dass die Sintflut neun Monate dauert. Wir diskutieren, ob die ersten Geschichten möglicherweise verschiedene Neuanfänge darstellen – hier eine Geburt, dort ein Bund, dann eine Offenbarung. Vielleicht ist »Gott« ja gar nichts Feststehendes. Vielleicht scheitert auch Gott. Und vielleicht emanzipiert sich Gott anhand der Menschen.

Von Geschichte zu Geschichte verändert sich sein Verhältnis zu den Menschen.

Im Paradies verlangt Gott noch einen fraglosen Gehorsam. Seine Macht ist allumfassend. Entsprechend auch das Schuldgefühl des Menschen. Dieser ist beim ersten Übertritt nicht fähig, sich zu verantworten – besteht doch sein ganzes moralisches Bewusstsein nur im Gehorsam vor Gott. Wie der Verstoß des Menschen allumfassend ist, so auch die Strafe – die Vertreibung aus dem Paradies. Nach der Sintflut ändert sich jedoch das Verhältnis zwischen Gott und Mensch. Gott zieht sich hinter eine Grenze zwischen sich und seiner Schöpfung zurück. Er verspricht, die Welt nicht mehr zu vernichten, und schließt stattdessen einen Bund mit den Menschen. Dieser baut nicht mehr auf blinden Gehorsam, sondern auf eine Moral, gefasst in Gesetzen, die das Verhalten der Menschen messbar machen. Die Menschen erhalten einen Spielraum, in dem sie sich selbst zu beurteilen lernen und erst dadurch verantwortlich sein können.

Vielleicht lernt auch Gott dazu. Ja vielleicht geht es in der Hebräischen Bibel gar nicht um einen frommen Glauben, der Gehorsam und Demut vor einem immer gleichen, allmächtigen Gott verlangt.

Bei Abraham versucht Gott es mit einem neuen Bund. Einer, der Belohnung verspricht: Wer wie Abraham auf die göttliche Stimme hört und um des Rechts und der Gerechtigkeit willen den Aufbruch ins Ungewisse wagt, wird irgendwann sein Land dafür erhalten. Und später wird Gott mit Mose und dem Volk Israel am Berg Sinai abermals einen neuen Bund schließen – den Bund einer Nation, deren Mitglieder alle füreinander verantwortlich sind.

Mancher kathartische Moment prägt sich mir unvergesslich ein:

Gerade noch haben wir uns über die Willkür Gottes empört, mit der er die Frau Lots zur Salzsäule erstarren lässt, weil sie auf das brennende Sodom zurückschaut. Da steht Gabi auf und erklärt mit erschütternd klarem Blick: »Manchmal darf man im Leben nicht mehr zurückblicken, sondern muss einfach nur vorwärts gehen – sonst erstarrt man.«

Als wir die Geschichte von der Begegnung zwischen Abraham und Malkizedek lesen, erkläre ich plötzlich: »Das Wort von Menschen ist wichtiger als das von Gott. Es ist in dieser Geschichte nicht Gott, sondern der Priester Malkizedek, der Abraham segnet. Wie kann sich Abraham sicher sein, dass Gott ihn erwählt hat und die Dinge geschehen lassen wird, die Gott ihm versprochen hat? Es gibt Momente, da hängt alles davon ab, dass ein anderer Mensch einem sagt, wer man ist.«

Bei einer unserer Zusammenkünfte stellen wir fest, dass wir eigentlich dasselbe tun, was die Rabbiner schon seit 2000 Jahren tun: die Bibel neu auslegen. Seit unserem ersten Treffen schreibe ich jedes Mal im Anschluss Stichpunkte unserer Diskussionen auf und verfasse meinen eigenen Kommentar. Außerdem lerne ich alle neuen hebräischen Wörter, schlage viele im Wörterbuch noch einmal nach, um auch wirklich alle Bedeutungsebenen zu kennen. Die Töchter Lots werden in der hebräischen Bedeutung der Namen ihrer Söhne für mich zu Stifterinnen des Patriarchates (*Moab* = »vom Vater«) und des Matriarchates (*Ben Ami* = »Sohn meines Volkes«). Für die langen Geschlechterfolgen zwischen Adam und Noah und zwischen Noah und Abraham lege ich ein Schema an. Ihre Namen deute ich als Chiffren. So entstehen zwischen den Geschlechtern Verbindungen, geistige Konzepte, die sich in den Namen ausdrücken und in den Namen der nächsten Generationen weiterentwickeln.

»Gott« bleibt für mich ein befremdliches Wort. Glaube und Religiosität passen nicht in mein Selbstbild. Trotzdem beglückt es mich jedes Mal wieder, wenn wir die Bibel lesen und auslegen.

2. Jüdische Identität

Zusammen mit ein paar anderen jüdischen Studenten der Uni Hamburg gründe ich eine Studentengruppe, deren Sprecherin ich vorübergehend werde. Sie kommen aus den verschiedensten Ländern, eine Engländerin, eine Amerikanerin, zwei junge Männer ungarischer Herkunft, ein Holländer, mehrere Israelis, aber auch mehrere gebürtige Hamburger. Wir halten einen Studenten-*Seder*, sehen israelische Filme, beteiligen uns an einer Gedenkfahrt zum KZ Neuengamme und diskutieren über den in Deutschland immer noch vorhandenen Antisemitismus.

Auch der Sohn eines Rabbiners gehört zu dieser Gruppe. Als er zu uns stößt, ertappe ich mich bei dem Gefühl, ihn um seine religiöse Erziehung zu beneiden. Zunächst schätze ich sein jüdisches Wissen meinem gegenüber als haushoch überlegen ein. Zu meinem Erstaunen ist er jedoch nicht nur genauso areligiös wie ich, sondern kann noch nicht mal Hebräisch lesen. Er beherrscht, wie sich herausstellt, auch die jüdischen Rituale nicht sicher. Die anderen sehen ihm das nach und scherzen. Als Rabbinersohn sei er schon mit einer Überdosis an Religion geschlagen und wolle sich zu Recht davon befreien. Das mag sein. Doch seine verlegene, geradezu verklemmte Reaktion auf meine neugierigen Fragen bringt, wie mir scheint, auch ein anderes Unbehagen zum Vorschein: Die jüdischen Rituale werden, wie ich sie bis dahin in ihrer traditionellen Form kenne, überwiegend von Männern ausgeführt. Der Vater sagt am Schabbat den *Kiddusch*, das männliche Oberhaupt leitet den *Seder*, der Sohn spricht den *Kaddisch* der Waisen.

Ich spüre, dass diesem Rabbinersohn jedoch nicht nur Religiosität im Allgemeinen peinlich ist, sondern dabei vor allem die ritualisierte Form jüdischer Männlichkeit. Das mutet bei ihm jedoch keineswegs wie eine bewusste Entscheidung an. Sein Blick ist plötzlich vage und sucht meinem fragenden Blick zu entgehen. Unausgesprochen und unbeabsichtigt steht das Tabu groß und fordernd zwischen uns. Die traditionelle Rolle des jüdischen Mannes erscheint plötzlich als etwas ganz und gar Unzugängliches. Ich vermute, dass dieser Sohn von seinem Vater statt einer Überdosis an Religion vielmehr ein ambivalentes Verhältnis zur Männlichkeit vermittelt bekommen hat. Aber wie kann es sein, dass ein Rabbiner seinem Sohn nur diese Ambivalenz vermittelt?

Am Anfang unserer Unterhaltung geniere ich mich noch mit meinen Interpretationen der biblischen Texte. Doch als ich keine Überlegenheit an Kenntnissen bei ihm zu befürchten habe, erzähle ich ihm vom Tora-Lesen mit meinen Freundinnen. Befremdet runzelt er die Stirn. »Ihr solltet lieber mit einem Lehrer lernen, sonst lest ihr schnell etwas Falsches in die Texte hinein. Ich würde an eurer Stelle erstmal einen Rabbiner fragen.«

Den Rabbiner fragen? – Das sagt ausgerechnet er, der sich selbst distanziert. Schon damals nehme ich eine neue Selbstsicherheit in mir wahr: Ich möchte mir erst einmal meine eigene Meinung bilden, so entgegne ich, danach könne ich mich ja immer noch von einem Rabbiner belehren lassen. Tatsächlich hätte ich bis jetzt nichts von Rabbinern gelernt, was eine konkrete Bedeutung in meinem Leben entfalten könnte.

Unwillkürlich wird mir bei diesem Gespräch bewusst, dass ich mich bereits in einer anderen Bahn bewege. Sie läuft auf ein alternatives Modell zu den bestehenden Vorstellungen vom Verhältnis des Rabbiners zu den Gemeindemitgliedern hinaus. Immer wieder würde ich in den kommenden Jahren diese Formulierung hören »den Rabbiner fragen«, und mir dabei denken: Wäre es nicht viel wichtiger, eigene Zugänge und vor allem ein eigenes Urteilsvermögen für die Inhalte des Judentums zu erschließen, statt die Verantwortung immer wieder an die Autorität des Rabbiners zu delegieren?

Nicht dass es damals keine interessanten Rabbiner gegeben hätte, von denen ich etwas hätte lernen können. Während meiner Studienzeit ist Nathan Peter Levinson Rabbiner in Hamburg, Jahre später wird er mein rabbinischer Mentor. Ich schätze seine moderne Herangehensweise an die jüdische Religion sehr. Als ich ihn während meine Rabbinatsstudiums auf Mallorca besuche, wo er seit seiner Pensionierung lebt, und wir jeden Morgen nach dem Frühstück zusammen rabbinische Responsen zu politischen Themen lesen, frage ich ihn, warum die Rabbiner damals so wenig getan haben, um meine Generation anzusprechen. Ich erzähle ihm, wie ich mit meinen Freundinnen in Hamburg und später allein das gelernt habe, was ich von ihm gern gelernt hätte. Er antwortet, im Rückblick sei es ihm bewusst, dass meine Generation sich selbst überlassen geblieben ist. Doch es sei ihm damals so erschienen, dass sich die jüngeren Juden für religiöse Themen nicht interessierten. Außerdem habe er sich als Rabbiner anpassen müssen. Die Mehrheit der Gemeindemitglieder sind zu diesem Zeitpunkt Überlebende der *Schoa* und stammen aus der untergegangenen Welt des osteuropäischen Judentums. Sie klammern sich an ihre alten, nostalgischen Erinnerungen an eine vermeintlich heile Welt, bevor die Deutschen eingefallen sind und sie zerstört haben. Als liberaler Rabbiner, der die Themen der Zeit aufgreife – Gleichberechtigung der Frau, kritische Fragen an die Gottesbegriffe in der Liturgie, Identifikation der jüdischen Religion mit der bundesrepublikanischen Demokratie –, würde er sofort den Widerstand jener wenigen provozieren, die überhaupt noch zur Synagoge kommen. Ohnehin hätten fast alle gemeint, dass das einstige liberale deutsche Judentum – von vor der *Schoa* – gescheitert sei, weil es blind gegenüber der nationalsozialistischen Gefahr an das »gute« Deutschland geglaubt habe. Aus diesem Grund habe er, der in den 40er Jahren am liberalen Rabbinerseminar in Cincinnati studiert hat, die orthodoxen Regeln in den Nachkriegsgemeinden akzeptiert, auch wenn sie seiner Richtung, dem Reformjudentum, nicht entsprachen.

Die »orthodoxen« Regeln, die nur die wenigsten Gemeindemitglieder selbst praktizieren, setzen dem jüdischen Leben scharfe Grenzen. Als frisch eingetragenes Mitglied der Hamburger Gemeinde bemühe ich mich um einen Raum für die Studentengruppe. Die erste barsche Frage des Vorsitzenden bringt das Anliegen sofort zu Fall: Sind die Studenten auch alle *halachische* Juden? Wenn nicht, könne er sie nicht hereinlassen.

Die *Halacha* sind die jüdischen Gesetze. *Halacha* heißt »Weg« – und bislang habe ich darunter einen Weg verstanden, jüdisches Leben zu *ermöglichen* –, eine Anleitung sozusagen, wie man es am besten macht. Erstmals höre ich den Begriff jedoch nicht als etwas, das das jüdische Leben positiv bestimmt, sondern das zum Instrument wird, jüdisches Leben fernzuhalten.

Bis dahin habe ich mich nie von Menschen, die nach der *Halacha* leben, ausgegrenzt gefühlt. Ich bewundere die wenigen alten Juden, die *koscher* essen, das heißt sich für teures Geld rituell geschächtetes Fleisch aus Frankfurt oder Antwerpen bestellen, kaum ins Restaurant gehen, bei festlichen Buffets auf die besten Leckerbissen verzichten, Menschen, die den Schabbat halten, das heißt nicht arbeiten, kein Auto fahren, keine Vergnügungen unternehmen, die etwas kosten, weil man am Schabbat kein Geld mit sich trägt, und vor allem die, die im Tagesablauf vorgeschriebenen Gebete und *Brachot* verrichten, das heißt schon frühmorgens sich das erste Mal Gott zuwenden und von da an alle Handlungen mit einem kleinen Segen einleiten, der einen lehrt, das Leben zu schätzen. Ich selbst könnte freilich nicht so leben, brauche es aber auch nicht. Kein Jude, den ich kenne, verlangt es von mir – und auch nicht von den anderen.

Man ist *halachisch* jüdisch, wenn die Mutter Jüdin ist oder man zur jüdischen Religion übergetreten ist. Historisch gesehen hat es immer wieder Zeiten gegeben, in denen diese Definiton zu eng war. So auch nach der *Schoa*. Verschiedene jüdische Gemeinden nehmen nach 1945 Menschen auf, die nach den NS-Rassekriterien »Halbjuden« oder »Mischlingskinder«, aber keine *halachischen* Juden sind. Denn sie alle haben dasselbe jüdische Trauma durchlitten. Ohnehin sind die jüdischen Gemeinden für die Generation der Überlebenden mehr Schicksalsgemeinschaften denn religiöse Institutionen.

Mit der Einstellung, einer Solidarfamilie anzugehören, in der alle zusammenhalten, habe ich mich an den Hamburger Gemeindevorsitzenden gewendet. Ich bin davon ausgegangen, dass er sich freuen würde, wenn jüngere Menschen den Weg ins Gemeindehaus fänden. Seine Frage, die ich in die Gruppe trage, verursacht jedoch fast unsere Spaltung. Es stellt sich heraus, dass mehrere der Studenten einen jüdischen Vater, aber keine jüdische Mutter haben oder nur ein jüdisches Großelternteil auf der »falschen Seite«. Danach sind sie keine *halachischen* Juden. Zwei bis drei Leute, von denen man schon insgeheim vermutet hat, dass sie »Verrückte« sind, haben überhaupt keine jüdischen Vorfahren und erdichten sich paranoide »Opfer«-Biographien. Das Gespräch rührt schnell an vielen wunden Punkten. Es droht an der ahnungslosen Naivität der wenigen Gemeindemitglieder zu eskalieren, die den nicht-*halachischen* Juden neue seelische Verletzungen beifügen. Von Letzteren haben manche bereits versucht, in eine jüdische Gemeinde einzutreten, zumal sie sich als Angehörige der »zweiten Generation« betrachten. Sie seien von der Gemeinde jedoch aufgeklärt worden, dass sie keine Juden sind. Einen Übertritt lehnen sie ab. Erstens sind sie nicht religiös, zweitens wollen sie nicht in eine Gemeinde eintreten, in der sie nicht willkommen sind.

Ratlos lassen wir das Thema wieder fallen und treffen uns weiterhin außerhalb der Hamburger Gemeinde. Es bleibt jedoch ein Misstrauen – eine giftige Frage, die fortan viele immer stellen werden, wenn neue Mitglieder in die Gruppe kommen: Ist dies auch wirklich ein Jude? Für mich geht mit dieser Frage sogleich die nächste Frage einher: Was macht jemanden zum Juden? Nur die formalen *halachischen* Kriterien? Oder ist es mehr? Die jüdische Herkunft, die jüdische Geschichte, das jüdische Schicksal? Oder ist es noch mehr?

Bei einem Abendessen mit der Studentengruppe bringe ich zum ersten Mal das mir immer unlösbarer erscheinende Dilemma zur Sprache: »Es gibt kein säkulares Judentum.« Nur wer aus einer religiösen Familie stamme, das jüdische Wissen also noch in sich trage, könne es sich erlauben, sich zu lösen und »säkular« zu werden. Ob bei einem Karl Marx oder einem Ernst Bloch oder einem Erich Fromm – aus ihren Ideen, die sich an eine säkulare, universelle Leserschaft wenden, hallen letztlich immer noch die religiösen Grundlagen des Judentums. Aber dieses zur säkularen Philosophie verwandelte Judentum für die *Gojim* bringe kein weiteres Judentum hervor, sondern ende mit seinen geistigen Trägern. Es hält sich gerade mal eine Generation, ohne ein geistiges Weiter für uns Nächste aufzuzeigen. Ohne die religiöse Inspiration gibt es kein jüdisches Leben, keine jüdische Identität, kein Jüdischsein. Es gibt jedoch auch keine jüdische Religion nur im Geiste. Man kann sie nur mit anderen zusammen *ausüben*. Wer aber würde von uns die Religion, die *Halacha*, den Kult und die Gesetze, noch praktizieren wollen? Der nicht-jüdische Freund einer Studentin am Tisch unterbricht mich unbekümmert: »Ich verstehe dein Problem nicht. Warum gestehst du dir nicht einfach ein, religiös zu sein?« Diese leicht dahingesagten Worte treffen mich ins Mark. »Aber ich bin nicht religiös!« Fast fange ich an zu weinen. Mir fehlt allein schon der Ausgangspunkt. »Ich *glaube* nicht an Gott!«

1980 erscheint Lea Fleischmanns Buch *Dies ist nicht mein Land. Eine Jüdin verläßt die Bundesrepublik.* Es ist das Zeugnis einer jahrzehntelangen Nicht-Identifikation mit der deutschen Gesellschaft, die dazu führt, dass Fleischmann nach Israel auswandert. Ein Jahr später rechnet auch Henryk Broder mit dem Artikel »*Ihr bleibt die Kinder eurer Eltern!*« in der ZEIT ab und wandert nach Israel aus. 1982 veröffentlicht Alphons Silbermann seine Studie *Sind wir Antisemiten?* Danach sind antisemitische Auffassungen immer noch in einem Viertel der westdeutschen Bevölkerung virulent.

1982 ist auch das Jahr, in dem Israel Krieg gegen den Libanon führt. Die deutsche Linke prangert Premierminister Menachem Begin als Kriegstreiber an und bezichtigt General Ariel Scharon, für die von christlichen Falangisten ausgeführten Massaker in den Beiruter Palästinenservierteln Sabra und Schatila verantwortlich zu sein. In meinen eher linken Kreisen wird der Krieg ebenfalls leidenschaftlich diskutiert. Die meisten Juden, die ich kenne, lehnen ihn ab, geraten dabei jedoch in Abgrenzungsschwierigkeiten mit dem weit verbreiteten, mitunter aggressiven »Antizionismus« in der deutschen Linken.

Unsere jüdische Identität äußert sich innerhalb eines Feldes mit zwei Koordinaten: Israel und Antisemitismus. Die Themen spiegeln sich auch in meinen Abschlussprüfungen wider. Meine Diplomarbeit heißt: *Die Friedensbewegung in Israel. Ihre Hintergründe und ihre Auswirkungen auf den Nahostkonflikt.* Eine meiner Klausuren widmet sich dem »Antisemitismus, Antizionismus und Antiisraelismus in der deutschen Linken«.

Schon im jüdischen Kindergarten in Düsseldorf wird die Beziehung zu Israel als eine tragende Säule unserer jüdischen Identität gefördert. Es hängen blau-weiße Fähnchen mit dem *Magen David* im Raum, wir lernen israelische Lieder; wer kann, spricht *Iwrit* mit der Kindergärtnerin, die selbst eine Israelin ist. Ähnlich geht es in den darauffolgenden Jahren im Jugendzentrum der Gemeinde weiter.

Die meisten der etwa 600 in Düsseldorf lebenden Juden feiern jährlich im Gemeindesaal den *Jom Ha'atzma'ut* zu israelischer Musik. Für diejenigen, die in der *Schoa* alles verloren haben, was einem als Jude das Gefühl von Heimat gibt, ist die Gründung des Staates Israel die einzige Antwort, die fortan Halt bietet. Ein Großteil der Gemeindemitglieder engagiert sich daher in Organisationen, die den Staat Israel unterstützen. Die Frauen der *WIZO* veranstalten jährlich einen Wohltätigkeitsbasar für soziale Projekte in Israel. Im Religionsunterricht geht am Ende eine blau-weiße Spendendose von *Keren Kayemet* herum, in die wir Kinder wöchentlich ein paar

Groschen stecken, mit denen neue Bäume in Israel gepflanzt werden.

Für meine Diplomarbeit fahre ich 1984 mehrere Wochen nach Tel Aviv und Jerusalem. Ich interviewe dort die Protagonisten von *Schalom Achschaw* (»Frieden Jetzt!«), *Jesch Gwul* (Militärdienstverweigerer), *Netivot Schalom* (religiöse Friedensaktivisten), den linken Parteien und verschiedenen Komitees von Eltern und Soldaten gegen den Krieg. Ich bin schon mehrfach in Israel gewesen – habe in Haifa Lilos Cousine und ihre Kinder besucht, sogar einen Sommer lang in einem Kibbuz in der Nähe des Sees Genezareth gearbeitet. Doch jetzt, da ich erstmals nicht als Urlauberin ins Land gekommen bin, sondern mit einem Thema, mit dem ich unter anderem auch meine Beziehung zu Israel ausdrücken werde, regen sich in mir Zweifel. Der Militärdienstverweigerer von *Jesch Gwul*, der seinen Gesetzesübertritt mit einer dreimonatigen Haftstrafe verbüßt hat und ob seiner Standhaftigkeit wahrscheinlich wieder ins Gefängnis muss, lässt mich im Interview spüren, dass ihn meine Anteilnahme kalt lässt. Ich stehle ihm mit meinen Fragen die Zeit. Er nennt mir zwar alle Informationen, die ich für meine Diplomarbeit brauche, aber er unterbindet jede Emotionalität von meiner Seite und gibt mir zu verstehen, dass er nicht als Identifikationsfigur für mein Jüdischsein in Deutschland dienen möchte. Schnell beendet er das Gespräch. Die Situation fühlt sich unangenehm, aber richtig an.

Zurück in Deutschland schreibe ich meine Diplomarbeit mit dem geforderten »kritischen Ansatz«: Ich kritisiere die israelische Politik, versäume nicht auf die »terroristische« Vergangenheit des israelischen Premierministers Menachem Begin hinzuweisen, schlage immer dann, wenn es um die Palästinenser geht, einen wohlwollenden Ton an und füge mich einem Schema, das zwischen »Tätern« und »Opfern« unterscheidet. Für die Arbeit bekomme ich eine Eins. Der Professor lobt in seiner Begutachtung meine Fähigkeit, die politischen Ereignisse aus einer kritischen Distanz zu beurteilen, und gibt hierzu sogar eine Liste von Seitenzahlen an. Ich schlage sie nach. Sein Lob betrifft alle Passagen, in denen es um die Palästinenser geht.

In Wahrheit weiß ich nicht so recht, ob ich die israelische Politik kritisieren möchte. Zwar kann ich inzwischen alle Argumente gegen die Diskriminierung der Palästinenser, die Besatzungspolitik und den Krieg abspulen. Und zugleich genießen die »Falken«, die Verfechter einer kompromisslosen Politik, und die religiösen Siedler keine Sympathien bei mir. Es ist klar, dass ich eher auf der linken Seite stehe. Trotzdem zögere ich, allzu laut die Positionen meiner Diplomarbeit zu vertreten.

In Düsseldorf gebe ich Helen Israel, einer Freundin Lilos, die Kind und Mann in der *Schoa* verloren hat, meine Diplomarbeit zu lesen. Helen ist die Präsidentin der *WIZO* in Deutschland, in der sich auch Lilo engagiert. Wenn jüdische Interessen auf dem Spiel stehen, regt sich Helen sofort auf. In Bezug auf die arabische Bedrohung ist sie eine Hardlinerin. Nachdem sie meine Diplomarbeit gelesen hat, schreibt sie mir einen Brief. Darin äußert sie ihr Unverständnis über meine »feindselige« Haltung zu Israel und meine »pro-palästinensischen« Ansichten. Beim Lesen ihres Briefes fühle ich mich überführt. Nicht dass ich eine glühend zionistische Arbeit hätte schreiben mögen. Vielmehr wird mir klar, dass meine Perspektive beliebig ist. Weder bin ich von meinen Israel-kritischen Argumenten richtig überzeugt, noch wäre ich es von ihrem Gegenteil. Ich hätte meiner Diplomarbeit genauso gut auch eine andere argumentative Richtung geben können. Ob eine Politik der harten Hand oder aber eine der Zugeständnisse zum Frieden mit den Arabern führt, kann ich nicht sagen. Außer meinem grundsätzlichen Ja zum Existenzrecht Israels habe ich keine wirkliche Position zur israelischen Politik.

Zunehmend erscheint es mir lächerlich, wenn wir in Deutschland versuchen, verbal den Nahostkonflikt zu lösen. Das gilt für meinen linken Politologieprofessor ebenso wie für die Juden in meinem Alter, die reden, als wären sie israelische Staatsbürger und könnten die Situation dort mitgestalten. Unsere Fixierung auf Israel folgt einem unbewussten Mechanismus. Die vielen solidarischen Lippenbekenntnisse ebenso wie die kritischen Auseinandersetzungen lenken ab von unserem Jüdischsein in Deutschland. Wir bestimmen unser Jüdischsein nicht mit eigenen, positiven Inhalten. Vielmehr richten wir unseren Blick auf einen außerhalb Deutschlands gelegenen Pol, den wir jedoch nicht beeinflussen können. So halten wir uns selbst in Deutschland in einem Vakuum, in dem kein originäres jüdisches Leben entstehen kann.

Und auch nicht darf.

Auch in der deutschen Mehrheitsgesellschaft ist dieses Vakuum erwünscht. In den 8oer und 9oer Jahren wird jeder Jude in Deutschland so gut wie täglich genötigt, sich zur israelischen Politik und zum Nahostkonflikt zu äußern. Zugleich wird man täglich gebeten, seiner »Angst« vor dem Antisemitismus der Deutschen Ausdruck zu geben. Auch die Deutschen reduzieren ihre Wahrnehmung vom real existierenden Judentum auf diese zwei Koordinaten: auf Israel und den Antisemitismus. In Israel sollen die Juden »Täter« sein, in Deutschland »Opfer«. Dort »Schuldige«, hier »Verängstigte«.

1985 wird in dieser Hinsicht zu einem Schlüsseljahr für mich. Das Frankfurter »Theater am Turm« will Rainer Werner Fassbinders Stück *Der Müll, die Stadt und der Tod* uraufführen. Das Stück gilt als antisemitisch. Am Abend der Premiere besetzen Mitglieder der Jüdischen Gemeinde die Bühne und verhindern die Aufführung. In der Folge zitieren die Medien immer wieder die Worte einer Frau auf der Bühne: »Ich habe Angst.«

Teile der deutschen Mehrheitsgesellschaft empören sich über die Ignoranz des Theaterintendanten Jürgen Rühle, der meint, die »Schonzeit« sei vorbei. Sie fordern die Absetzung des Stückes und verweisen dabei ebenfalls auf die Worte jener Frau. Man müsse Rücksicht auf die »Angst der Juden« nehmen, sagen auch einige meiner nichtjüdischen Bekannten, die eigentlich für eine Aufführung gewesen wären, jedoch im Verlauf der Vorgänge ihre Meinung ändern. Solange das Trauma der *Schoa* nicht überwunden sei, könne man das Stück »noch nicht« aufführen. Unmerklich verwandeln sie dabei eine zielgerichtete Aktion in ein Gesuch von Bittstellern.

Ich bin geistig voll in die Vorgänge um die Theaterbesetzung involviert. Die Hamburger Studentengruppe hat sich mittlerweile dem Bundesverband Jüdischer Studenten (BJSD) angeschlossen. Bei einem der BJSD-Treffen, an dem ich als Delegierte teilnehme, überrascht uns mitten in einer Sitzung Andy Steiman, ein Student aus Frankfurt, der unerwartet hereintritt und berichtet, dass die Jüdische Gemeinde beschlossen habe, die Theaterbühne zu besetzen. Andy bittet um die Unterstützung der Studenten bei dieser Aktion. Es kommt zu einer heftigen Diskussion. Ein Teil der Anwesenden stimmt zu, dass das Theaterstück antisemitisch sei und nicht aufgeführt werden dürfe. Andere meinen jedoch, dass die Freiheit der Kunst geschützt bleiben müsse.

Am Abend der Besetzung bin ich nicht in Frankfurt, empfinde aber Solidarität mit den Besetzern. Nicht nur wegen des Stücks, auch weil sich in der Aktion ein neues jüdisches Selbstbewusstsein in Deutschland manifestiert – kein Selbstbewusstsein, das sich allein zwischen Trauma und Wiedergutmachung bildet, sondern eines, das die jüdischen Anliegen in der Gesellschaft durchzusetzen gedenkt und dabei das »Täter-Opfer«-Schema aufkündigt.

In der *Tagesschau* sehe ich Bilder aus dem Theatersaal – das Transparent »Subventionierter Antisemitismus«, das Mitglieder der Frankfurter Jüdischen Gemeinde, darunter ihr Vorsitzender Ignatz Bubis, quer über die Bühne halten, ebenso wie den Zuschauerraum, in dem Daniel Cohn-Bendit und Marcel Reich-Ranicki die Aufführung des Stückes fordern. Die *Tagesschau* zeigt auch Bilder vom Vorplatz. Dort steht eine Menge von Demonstranten. Plötzlich ist Andy Steiman im Fokus der Kamera. Er hält ein Megaphon und feuert die Menge an. Sie singt mit ihm: *Am Israel chaj* (»Das Volk Israel lebt«)! Mir treten Tränen in die Augen. Die Worte berühren einen neuralgischen Punkt.

Doch meine emotionale Reaktion ist ambivalent.

Lebt das »Volk Israel« wirklich?

Nichts gegen ein hebräisches Lied. Ich kenne es noch von den zionistischen *Machanot*, den Ferienlagern, zu denen ich vor meiner Internatszeit gefahren bin. Es hat einen beschwingten Rhythmus, der – wenn zu feurig gesungen – leicht in Gegröle umschlägt. Der Text ist denkbar simpel, seine Worte werden endlos wiederholt: *Od awinu chaj – am Israel chaj* (»Unsere Väter leben noch! – Das Volk Israel lebt«)! Das Lied hat einen Rhythmus, der alle sofort einstimmen lässt. Es schafft eine übergeordnete kollektive Identität. Bei den *Machanot* hat es uns das Gefühl gegeben, dieselben Lieder wie die Israelis zu singen.

Mich stört jetzt plötzlich, dass ausgerechnet dieses Lied bei der Demonstration in Frankfurt gesungen wird. Es kombiniert den Konflikt um das Fassbinder-Stück emotional mit der anderen Koordinate: Israel. Jedoch nicht mit dem realen Israel, sondern mit einem simulierten Israel.

Je mehr ich in den kommenden Jahren lerne, zwischen beiden Israel zu unterscheiden, desto bewusster wird mir, wie das simulierte Israel die Unterschiede zwischen den einstigen jüdischen Kulturregionen Europas überdeckt. Dabei entstehen Wertigkeiten, die ich bereits im Kindergarten wahrgenommen habe. Ein Mädchen stellt sich mir stolz vor: »Ich bin aus Israel – und du?« Meine deutsche Herkunft senkt meinen Status. Wir lernen die hebräischen Buchstaben noch vor den lateinischen und mit ihnen Wörter, die unserer Sprache einen Hauch von *Iwrit* verleihen – *Ima, Abba, Buba, Kelev* ... (»Mama, Papa, Puppe, Hund« ...). Im Jugendzentrum hängen Israelkarten und Plakate mit israelischen Gesichtern und Landschaften. Auch hier sind alle wichtigen Begriffe in *Iwrit – Madrichim, Kwuzot, Chugim* ... (Gruppenleiter, Gruppen, Zirkel ...). Wir bringen für den Nahostkonflikt eine sehr viel größere Aufmerksamkeit auf als für die innerdeutsche Politik. Wenn in den Nachrichten plötzlich von Israel die Rede ist, geht ein »Scht!« durch den

Raum, und alle hören dem Nachrichtensprecher zu. Das liegt natürlich auch daran, dass viele von uns Verwandte in Israel leben haben. Aber es steckt darin auch eine tägliche Identitätsübung. Lange halte ich das Jugendzentrum für identisch mit der »Zionistischen Jugend Deutschlands« (ZJD). Erst viel später verstehe ich, dass die *Schlichim* (»Gesandten«), die im Jugendzentrum wirken, aus Israel geschickt sind, um die Jugendlichen für die *Alija* anzuwerben. Wir tanzen mit ihnen israelische Volkstänze, sehen israelische Filme, und auf den Ferienlagern haben wir sogar einen »Morgenappell« in *Iwrit*, bei dem die israelische Fahne gehisst wird.

In dieser allgemeinen – auch von mir geteilten – Begeisterung für Israel geben die israelischen Jugendlichen den Ton an. Sie sind in Israel geboren, sprechen untereinander nur *Iwrit*, kennen bereits alle Lieder und Volkstänze, sind sehr selbstbewusst und verfügen allein schon sprachlich über die Macht, die anderen auszuschließen. Einige von ihnen haben eigentlich »deutsche« Eltern, die in den 50er und 60er Jahren aus Israel »zurückgekehrt« sind, doch die deutsche Herkunft zählt nicht. Sie sind stolz darauf, Israelis zu sein, und planen ihre endgültige Einwanderung nach dem Abitur. Die anderen simulieren diesen israelischen Duktus, so gut es geht, benutzen hebräische Wörter, gewöhnen sich den Singsang, mitunter sogar den Akzent der Israelis an und betrachten sich auf keinen Fall als »Deutsche«.

Die »anderen« sind zum Teil die Kinder von »DPs« (*displaced persons*), zum Teil von »deutschen Juden«. Die Eltern der ersten Gruppe stammen aus Mittel- und Osteuropa, haben das KZ und den Todesmarsch – zufällig – auf deutschem Boden überlebt, oder sie sind nach Kriegsende vor neuen Pogromen und antisemitischen Wellen in den Westen geflüchtet. Die meisten von ihnen leben – nachdem sie alles verloren haben – zunächst in »DP-Camps« und betrachten Deutschland allenfalls als Übergangsstation, bis sie woanders endgültig neu anfangen. Niemand von ihnen hat mehr eine Heimat, in die man zurückkehren könnte. Die »deutschen Juden« stellen nur eine winzige Minderheit dar und geben sich allenfalls noch selbstironisch zu erkennen, zum Beispiel in den vielen Witzen über die *Jekkes,* die deutschen Juden, die vor der *Schoa* »deutscher als die Deutschen« gewesen seien. Aber anders als die »DPs« leben sie noch in »ihrem« Land, wenngleich das kaum einer so aussprechen würde.

Uns Kindern ist die Bedeutung der Herkunft, wie sie unsichtbar und auf verschiedene Weise in unsere jüdische Identität hineinwirkt, nicht bewusst. Ich habe als Jugendliche keine Ahnung davon, dass im Polen vor der *Schoa* »Jüdischsein« eine »Nationalität« ist: Wer »Jude« ist, kann nicht zugleich »Pole« sein, denn »polnisch« ist gleichbedeutend mit »katholisch«. Dieser osteuropäische Nationalitätenbegriff hat den Zionismus und die israelische Gesellschaft nachhaltig geprägt. Die ersten Einwanderer in Palästina sind Zionisten aus Polen und Russland. Ihre jüdische Identität ist in erster Linie eine säkular-nationale, unter der sie die Religion zusammenfassen, sie aber nicht zum Ausgangspunkt machen. Genauso wenig weiß ich, was es demgegenüber bedeutet, dass sich die »deutschen Juden« vor der *Schoa* sehr wohl als Deutsche – als »deutsche Staatsbürger jüdischen Glaubens« – angesehen haben. Ihnen ist das Judentum lediglich noch eine Religion gewesen, aber keinesfalls eine Nationalität. Dieses »deutsche Judentum« hat sich in den Augen der meisten Juden spätestens im Dritten Reich ad absurdum geführt und gilt nicht nur als gescheitert, sondern wegen seiner anpasslerischen Haltung sogar als verachtenswürdig.

Es ist bezeichnend, dass es eines halben Jahrhunderts bedurft hat, bis erstmals Historiker meiner Generation den Blick auf die Zusammensetzung der jüdischen Gemeinschaft in der Nachkriegszeit richten. Michael Brenner hat dies mit Blick auf die »DPs« getan, Jael Geis mit Blick auf die »Juden deutscher Herkunft«. Gerade durch die Lektüre von Geis' *Übrig sein – Leben »danach«* weiß ich heute, dass die »Deutschen« kaum mehr als ein vages Judentum einbringen können. Von ihnen haben nur wenige überlebt, die religiös sind und dabei fest in der Tradition des deutschen Judentums stehen. Ein großer Teil der deutsch-jüdischen Überlebenden fällt in die NS-Kategorie der

»privilegierten Ehen«, die in der Mordmaschinerie vorläufig zurückgestellt sind, das heißt, sie sind mit einem nichtjüdischen Partner verheiratet, oder es sind ihre Kinder, die »Mischlinge«. Viele hat erst das Dritte Reich wieder in ihre jüdische Herkunft zurückgestoßen, die sie selbst oder möglicherweise schon ihre Eltern längst abgestreift zu haben glauben.

Auf diesem Glatteis einer äußerst ambivalenten Heterogenität von »DPs« und »Deutschen« entstehen die jüdischen Nachkriegsgemeinden. Sie werden aufgebaut von Menschen mit sehr verschiedenen geistigen Prägungen und unausgesprochenen Ressentiments. Die Klammer, die das Unvereinbare zusammenhält und alle gleichermaßen zu Juden macht, ist für die ältere Generation der gemeinsam erlebte Abgrund der *Schoa*. Doch manche sind in dieser Generation »gleicher«. Je schlimmer das Lager, desto größer die Autorität. Die meisten Gemeindevorsitzenden haben Auschwitz überlebt – der Hamburger Gemeindevorsitzende Günter Singer ebenso wie der Berliner Gemeindevorsitzende Heinz Galinski.

Ihre moralische Autorität ist für uns Jüngere selbstverständlich. Sie ist notwendig, um die Deutschen mit ihrer Verantwortung für die Verbrechen zu konfrontieren. Es ist dabei für uns Jüngere nicht verwunderlich, dass so gut wie alle Vorsitzenden »deutsche Juden« sind, das heißt die Sprache der Behörden und Politiker beherrschen. Wir bemerken keinen Widerspruch. Im Gegensatz zu uns kennen diese Vorsitzenden noch ein Deutschland, an das man vor vielen Jahren einmal geglaubt hat. Wissentlich oder unbewusst bauen sie mit der einst betrogenen Vision die neuen Gemeinden wieder auf. Es soll Jahrzehnte dauern, bis man sich eingesteht, keine »Abwicklungs-« oder »Liquidationsgemeinde« zu sein, sondern die institutionellen Strukturen des untergegangenen »deutschen Judentums« wiederhergestellt zu haben – freilich für eine andere Mitgliederzusammensetzung, die sich inhaltlich nicht mehr auf die untergegangenen Judentümer Europas bezieht.

Im Düsseldorfer Jugendzentrum ist von deutschem oder mittel- und osteuropäischem Judentum keine Rede. Wir gehören gleichermaßen dem jüdischen Volk an. Das gemeinschaftsbildende Element ist dabei unser Blick nach Israel. Mit ihm treten wir aus dem Schatten der *Schoa* und identifizieren uns mit Juden, die keine »Opfer« sind. Über die Nazizeit sprechen wir wenig – und wenn, dann nur in einer Weise, die unterstreicht, dass wir dem jüdischen Volk und keinem anderen angehören – schon gar nicht dem Volk der Mörder. Wir erwähnen allenfalls beiläufig, in welchen Ländern unsere Eltern vor der *Schoa* gelebt haben. In unserer Orientierung an Israel wird unsere Herkunft, werden auch die Völker, unter denen unsere Vorfahren gelebt haben, unwichtig. Wir sind alle gleichermaßen Juden. Denn jeder von uns könnte nach Israel auswandern.

Doch nicht nur in unserer Orientierung an Israel verschwimmen die Unterschiede unserer Herkunft. Neben dem »simulierten Israel« gibt es noch ein anderes Identität stiftendes Element: den Gebrauch von jiddischen Wörtern.

Jiddisch beherrscht kaum jemand unter uns aktiv – wenngleich mehrere ihre Eltern noch Jiddisch haben sprechen hören. Trotzdem benutzen wir jiddische Worte wie *nebbich* oder *gor nischt*, wenden im Deutschen die doppelte Verneinung des Jiddischen an, »jiddeln« bisweilen in der Aussprache und tun so, als ob die Sprache unser Fleisch und Blut sei. Ich eigne mir Jiddisch durch die Schallplatten der *Barry Sisters* an, die Lilo sammelt – Schnulzen wie *A jiddische Mame, Main Glik* oder *Tumba Lalaika*, die, vom berühmten amerikanischen Schwesternduo süßlich gesungen, begleitet von einer Big Band, zu großen Hits werden.

Israel hat sich für das moderne Hebräisch entschieden, nicht für Jiddisch. In dem Klischee-Jiddisch, das wir Jugendlichen gleichermaßen beherrschen, verwischt sich die unterschiedliche Beziehung der Eltern sowohl zur jiddischen als auch zur deutschen Sprache. In Wahrheit reicht der Begriff »DPs« nicht aus, um die Überlebenden aus Mittel- und Osteuropa zu benennen. Die Juden aus Polen, aus Litauen und seinem »Jerusalem des Nordens«, Wilna, aus Galizien und dem heutigen Weißrussland, aus Bessarabien und Teilen Rumäniens haben ein Jiddisch mitgebracht, aus dem die einstige Blüte eines kulturellen, politischen sowie religiösen Selbstbewusstseins spricht. Hingegen haben die Juden aus Lettland, aus der Tschechoslowakei, aus Teilen der heutigen Westukraine, vor allem der Bukowina und ihrer Hauptstadt Tschernowitz, ja sogar aus Ungarn und mitunter aus Rumänien ein eloquentes, melodisches Deutsch mitgebracht. In ihm klingt die Liebe zu einer Kultursprache durch, die zu diesem Zeitpunkt in der Bundesrepublik längst nicht mehr gesprochen wird. Die Linien zwischen den Jiddisch und den Deutsch sprechenden Juden des einstigen Mitteleuropas sind in der Düsseldorfer Gemeinde durchaus wahrnehmbar, etwa wenn ehemalige Tschernowitzer etwas hochnäsig ankündigen, nicht zum »jiddischen Literaturabend« zu gehen, »weil wir da sowieso nichts verstehen«.

Wenn wir Jugendlichen unser Deutsch mit jiddischen Wörtern anreichern, hat dies jedoch eine eigene Funktion. Es macht unser Deutsch »nicht ganz deutsch«, und es behandelt das Jiddische als Chiffre für die untergegangene Welt – untergegangen zum einen in der *Schoa*, zum anderen aber auch in Israel, da sich die frühen Zionisten für *Iwrit* entschieden haben. In der Art, wie wir im Deutschen immer wieder Jiddisches verwenden, klingt eine gespielte Ironie mit an – wer »wir« einmal waren, aber nicht mehr sind. Zugleich drängen wir damit Unstimmigkeiten der Gegenwart in eine verlorene Vergangenheit zurück, an deren Verlust nichts mehr zu ändern ist. Wenn ich unter den jüdischen Jugendlichen in Düsseldorf etwas von den Spannungen zwischen Lilo und mir durchblicken lasse, fällt schnell die Bemerkung: »Was willst du? Sie ist eben eine *jiddische Mame*.« Die jüdischen Mütter seien alle schon im *Stetl* Dragoner und Drachen gewesen. Aber Lilo stammt nicht aus dem *Stetl*.

Heute genießt Jiddisch, dank der Jiddischisten in den USA, wieder den Rang einer Kultursprache, für die inzwischen Lehrstühle an den Universitäten eingerichtet sind. Auf dem jüdischen Kulturkongress *Tarbut* im Jahr 2004 bei München erlaubt sich einer der Moderatoren, zwischendurch ein bisschen zu jiddeln. Das Publikum feixt. Doch meine Nachbarin wendet sich unangenehm berührt ab. Als ich sie darauf anspreche, sagt sie mir: »Weißt du, mein Vater hat jiddische Zeitungen gelesen und jiddische Poesie geliebt! Und der da vorne tut so, als könne er Jiddisch. Dabei verballhornt er die Sprache.«

Zwischen dem simulierten Israel und den unwiederbringlich untergegangenen Welten hat die jüdische Religion keine Chance, eine eigene Wirkung zu entfalten. Lange halte ich die brabbelnde Geräuschkulisse des Gottesdienstes für sein wesentliches Merkmal. Der Rabbiner und der Kantor machen vorne, was zu machen ist. Sie sind von der Gemeinde dafür angestellt, den Traditionsbetrieb aufrechtzuerhalten. Derweil unterhalten sich die Frauen auf der Galerie ungeniert mit ihren Nachbarinnen, die Männer unten tun dasselbe. In dem Stimmengewirr von Gebeten, Gesprächen und herumlaufenden Kindern ertönt unvermittelt ein »*Jitgadal wejitkaddasch* …« (Anfangsworte des *Kaddisch*) – und man wähnt sich sicher, dass ein paar alte Männer schon wissen, an welcher Stelle man mit dem »*Jehej schme raba* …« einsetzt.

Gegenüber einem nichtjüdischen Freund, der von dieser »chaotischen Atmosphäre« schockiert ist, habe ich den jüdischen Gottesdienst verteidigt: Er sei »ehrlicher« als sein christliches Pendant. Es werde von einem nicht verlangt, dass man alles glaubt, was im *Sidur* steht – dass Gott allmächtig, gnädig und barmherzig sei, dass er sein Volk Israel beschütze und wir Juden uns nichts sehnlicher wünschten, als die Gebote der Tora zu erfüllen. Vielmehr sei Gott so etwas wie ein alter Würdenträger, der mit am Tisch sitzt, dem zuliebe man die alten Konventionen einhält – doch ansonsten gehe man seiner eigenen Wege in einer modernen Welt, von der Gott nichts verstehe.

Die Rabbiner, die ich in meiner Kindheit erlebe, entsprechen diesem Bild. Geblieben sind Erinnerungen an großväterliche Männer, die anders als alle anderen leben – die fast als Einzige in ihrer Gemeinde *koscher* essen, am Schabbat nicht telefonieren und alle hebräischen Gebete sprechen. Sie verstehen bei jüdischen Festen die Menge mit vielen Witzen und lustigen Geschichten von wundersamen Rabbis an wundersamen Orten zu unterhalten. Aber sie repräsentieren eine Welt, in der sonst fast niemand mehr in der Gemeinde lebt.

Gewiss, wir Kinder haben gelernt, was zu lernen ist, um das Minimum zu erhalten – die Mädchen, wie sie zum Schabbat die Kerzen anzünden, die Jungen, welche *Bracha* sie beim Tora-Aufruf sagen. Als ich noch den Religionsunterricht in Düsseldorf besuche, müssen alle Schüler am *Kabbalat-Schabbat*-Gottesdienst teilnehmen. Wir bilden einen Synagogenchor. Jedes Kind bekommt vom ungarischen Kantor Imre Rubovic eine der vielen Strophen des *Lecha Dodi* beigebracht – des Liedes, mit dem man die »Braut Schabbat« abholt. Wir lernen von unserer israelischen Religionslehrerin jahrelang Hebräisch, wenngleich es sich nicht als aktive Sprache festigen will, dazu die biblischen Erzählungen und später die antike jüdische Geschichte. Doch ich kann daraus keine Einsichten für meine Gegenwart in Deutschland ableiten – keine Antworten auf meine Fragen, warum die *Schoa* geschehen ist, warum nicht der Messias, sondern die säkularen Zionisten Israel gegründet haben und wie man dem Antisemitismus schlagkräftig begegnet. Und so reicht es mir als junger Erwachsene, wenn ein paar alte Männer für mich und meinesgleichen die Tradition erhalten und wir nicht öfter als dreimal im Jahr in der Synagoge erscheinen und unsere Aufmerksamkeit ansonsten den drängenderen Themen – der Situation in Israel und den immer neuen Auflagen des Antisemitismus in Deutschland – widmen.

»Was macht dich zur Jüdin?«, will mein damaliger Freund wissen. Ich muss lange überlegen, denn ich will ihm eine ehrliche Antwort geben. Es ist kaum die jüdische Religion. Und auch nicht die Zugehörigkeit zum jüdischen Volk, zumal mir allein schon das Wort »Volk« nicht behagt. Eher die jüdische Geschichte. Es ist, wie ich schließlich antworte, »mein in Auschwitz ermordeter Großvater«.

Doch das bedeutet mehr, als einer verfolgten Minderheit anzugehören. Es bedeutet, dass wir Juden etwas in uns tragen, das für viele nicht ertragbar ist. »Israel« – *Jisra-El,* »er kämpft mit Gott« oder »Gott kämpft« –, so heißt das Siegel des heiligen Volkes. Ab 1939 müssen alle Juden in Deutschland die Zwangsnamen *Israel* und *Sara* annehmen. Auch *Sara* kommt von »kämpfen«. Ich frage mich, ob in diesen beiden Namen das liegt, was die Nazis versucht haben zu vernichten – ja, was überhaupt all die offen und verkappt antijüdischen Ideologien vernichten wollen.

Kurz nach der Absetzung des Fassbinder-Stücks besuche ich einen Freund in Frankfurt. Er hat von Ignatz Bubis alle Briefe zur Verfügung gestellt bekommen, die in dieser Zeit an den Gemeindevorsitzenden geschrieben worden sind. Mein Freund will sie veröffentlichen. Es sind mehrere dicke Aktenordner mit Pro- und Kontrastimmen. Erstere triefen vor Philosemitismus. Ihre Schreiber bezichtigen sich der »deutschen Schuld«, warnen vor »den Deutschen« und meinen, dass »die Juden« die besseren Menschen seien. Die ablehnenden Briefe sind durchgängig antisemitisch. Bis dahin habe ich solche Jauche – außer in historischen Dokumentationen – noch nie zu Gesicht bekommen. Die Briefe sind oft mehrere Seiten lang, eng beschrieben, verrückt und überbordend in dem Wahn, dass die Juden die Welt kontrollierten.

Wie repräsentativ sind solche Briefe? Es sind immerhin mehrere Hundert in diesen Aktenordnern. Kenne auch ich womöglich solche Menschen? Mir scheint, als sprächen ihre Stimmen aus einer gänzlich fremden Welt. Mein Freund und ich schreiben die Briefe »sauber« ab. Wenn man zehn von ihnen hintereinander gelesen und »bearbeitet« hat, bekommen die überschnappenden, aberwitzigen, oft in fehlerhaftem Deutsch geschriebenen Anschuldigungen gegen die Juden unfreiwillig komische Züge – mitunter können sich mein Freund und ich vor Lachen kaum noch halten.

Aus der Herausgabe der Briefe ist nie etwas geworden. Aber im Zusammenhang mit dem geplanten Buch bekommt meine Beschäftigung mit »Macht« und »Ohnmacht« neuen Antrieb.

Ich lese nicht nur Fassbinders Stück, sondern auch die Vorlage von Gerhard Zwerenz, ein 1973 erschienener Roman mit dem Titel *Die Erde ist unbewohnbar wie der Mond*. Schon dieser Roman hat wegen des darin vorkommenden jüdischen Grundstücksspekulanten, der in dem Fassbinder-Stück nur noch »Jude« heißt, gleich nach seinem Erscheinen einen Skandal ausgelöst. Zwerenz hat sich gegen die Vorwürfe verteidigt. Antisemitismus sei ihm fremd. Denn sein wichtigster Lehrer sei Ernst Bloch, bei dem er in Leipzig Philosophie studiert habe.

Martin Heideggers wichtigster Lehrer ist Edmund Husserl gewesen. Und trotzdem hat er seinem jüdischen Mentor nach 1933 den Zutritt zur Universität verwehrt. Ob die »wichtigsten Lehrer« Juden waren oder es die »besten Freunde« sind oder ob man »viel von Juden gelernt hat« und sich unter Juden »wohlfühlt« – es sagt am Ende nichts über die wahren Machtverhältnisse aus. Ob die Hamburger Politologiestudenten mit ihrem »kritischen Ansatz« Seminar um Seminar die gegenwärtige Regierungspolitik auseinanderpflücken oder nicht – es rührt nicht an das, was den einen mächtig und den anderen unterlegen macht, was dem einen das Privileg der »Rücksichtnahme« gibt und dem anderen nur das Argument der »Angst« lässt.

Ohmacht bringt eigene Strukturen hervor, genauso wie Macht. Ohnmacht erzeugt ein eigenes System von Argumenten, Anliegen und Forderungen. Diese können sich durchaus wirkungsvoll durchsetzen. Die politischen Strukturen erklären nur zum Teil, warum der eine Macht hat und der andere ohnmächtig ist. Warum der eine den anderen – auch geistig – vernichten kann und warum der andere nach den Regeln der Ohnmacht reagiert. Sich durchzusetzen bedeutet noch nicht, dass man Macht hat.

Wenn linke Geisteswissenschaftler viel von jüdischen Denkern und Philosophen gelernt haben, dann kommt mir schnell der Verdacht, dass sie dabei sehr wohl unterscheiden, wer die »guten Juden« sind und welche man getrost nicht berücksichtigt. Die »guten Juden« sind dabei nicht diejenigen, die dem jüdischen Kollektiv dienen. Es sind diejenigen, die auf dem Weg hinaus sind, ohne jedoch jemals ganz auf der anderen Seite anzugelangen – die »nichtjüdischen Juden«, wie Isaak Deutscher sich selbst genannt hat, die mit jüdischen Lehren im säkularen Gewande, sei es der Sozialismus, seien es universalistische Utopien, die Mehrheitsgesellschaft bereichern und damit zu »guten Juden« werden. Wer von ihnen »lernt«, mit ihnen »befreundet« ist, kann angeblich »kein Antisemit« sein. Ich bekomme ein schales Gefühl, wenn mir jemand sagt, seine wichtigsten Lehrer seien Juden. Meist geht damit unausgesprochen die Definition des »schlechten Juden« einher. Dieser ist danach freilich nicht für sich selbst verantwortlich, sondern nur das Produkt der nichtjüdischen Gesellschaft. Sie habe ihn als »schlechten Juden« überhaupt erst erschaffen – den »jüdischen Grundstücksspekulanten« in Zwerenz' Roman, eine Neuversion des »Hofjuden«, ebenso wie die verfolgten »Juden« in Max Frischs *Andorra* und auch die angeblich künstlich von Antisemiten erschaffenen »Juden« in Jean-Paul Sartres *Reflektionen zur Judenfrage*. Lebten wir in einer besseren Gesellschaft, gäbe es keine »schlechten Juden«, dann blieben nur die »guten« übrig, die auf dem Weg der Anpassung jenen »schlechten« Bezirk bereits verlassen haben, den sie nicht selbst, sondern den die nichtjüdische Gesellschaft geschaffen habe. Das fügt sich in das Bild einer »von Juden gereinigten« Welt, in der kein originär jüdischer Pol – im Guten wie im Schlechten – von sich aus gestaltend wirkt.

3. Journalistin

Zum Abschied von Hamburg im Jahre 1986 schenkt mir Rita eine Zeichnung mit uns vieren beim Torastudium – jede in ihrer jeweils typischen Pose. Ich habe auf der Zeichnung die Arme hochgeworfen und lache. Rita hat in die aufgeschlagenen Bibeln ein oder zwei hebräische Schlüsselworte der jeweiligen Lieblingsgeschichte hineingezeichnet. Bei mir ist es *Malkizedek* (»König der Gerechtigkeit«), jener vorisraelitische Priester von *Schalem* (»Fülle«), der erkennt, wer Abraham ist, und ihn segnet.

Fast drei Jahre haben wir nun Wochenende um Wochenende den biblischen Text im hebräischen Original gelesen und sind bis zu den Geschichten von Josef und seinen Brüdern gelangt. Damit haben wir immerhin den größten Teil des ersten Buches der fünf Bücher Mose geschafft. Wie ich in Berlin das gemeinsame Lesen vermissen würde! Obwohl ich damit noch immer kein Ziel verbinde, sondern es lediglich als ein privates Vergnügen zu betreiben glaube, bedeuten mir die Momente, in denen der Text zum Medium zwischen uns vieren wird – Momente, in denen plötzlich Erkenntnisse zu einem Wort, einem Satz, zu einer symbolischen Bedeutung hinter dem Erzählten aufleuchten –, ungleich mehr als alles, was ich im Studium der Politischen Wissenschaft gelernt habe. In unserer Hamburger »Frauen-*Jeschiwa*«, wie wir sie liebevoll nennen, habe ich gelernt, dass sich die Geheimnisse des biblischen Textes nicht durch reines Lesen erschließen. Man muss ihn *erleben.*

Zunehmend fädelt sich das, was zwischen uns vieren an Einsichten und Erkenntnissen aufgekommen ist, in meine gelebte Gegenwart. »Gott« ist für mich längst nicht mehr das fremde Wesen im Himmel, das von oben schaltet und waltet, belohnt oder bestraft und einen Kodex von archaischen Geschichten und Religionsgesetzen geschaffen hat. Auch wenn ich immer noch das Wort »Gott« vermeide und versuche, es so gut es geht in psychologisierender Sprache zu umschreiben, geniere ich mich inzwischen nicht mehr, über die »heilige Dimension« im Menschen zu sprechen. »Gott« sei dabei nur ein anderes Wort für »Intensität« oder »Präsenz«. Wenn Abraham plötzlich drei Männer aus der Ferne auf sein Zelt zukommen sieht und sofort weiß, jetzt die Offenbarung seines Lebens zu empfangen, dann ist dies die Intensität eines Momentes, wie jeder Mensch sie erleben kann. Offenbarungen geschehen jederzeit. Und meist geschehen sie mit der Hilfe der anderen, die einem das Entscheidende sagen. Wir alle tragen eine heilige Dimension in uns, die uns solche Intensität wahrnehmen lässt. Es liegt an uns, ob wir uns für unsere Offenbarungen öffnen und sie ernst nehmen. Auch die alten Ahnen im *Tanach* vertrauen ihren Offenbarungen nicht sogleich, lachen oder verwerfen sie – deshalb kommen die Boten und Botschaften immer wieder, bis sie angenommen sind und ins gelebte Leben eingehen. Eine Offenbarung fordert immer den ganzen Mut des Menschen zu seiner ganzen Wahrheit. Weil jedoch niemand diese ganz kennen kann und weil sie sich zunächst kaum ins Geflecht der Zwänge und Konventionen einfügt, ist sie so erschreckend und schlägt fast jeden erst einmal in die (Aus-)Flucht. »Israel« – *Jisra-El*, »er kämpft mit Gott« oder »Gott kämpft« – ist kein Aufruf zu lammfrommem Glauben. Es fordert den radikalen Mut zu sich selbst und gegen die eigenen Lebenslügen – wie jener »Mann«, der in jener Nacht am Ufer des Jabbok mit Jakob ringt und gegen den Jakob nichts vermag, und der Jakob am Morgen mit dem Namen *Israel* segnet.

Im Frühsommer 1986 beginne ich in Berlin ein Volontariat beim *Tagesspiegel*. Wenn ich nicht um das Geschenk meiner Hamburger »Frauen-*Jeschiwa*« wüsste, würde ich es bedauern, nicht schon früher nach Berlin gezogen zu sein. Vom ersten Moment an fordert mich die Stadt mit der unverhohlenen

Nacktheit all ihrer geschichtlichen Epochen heraus. Grob, fast obszön und ohne jeden Versuch, die Geschichtsbrüche zu überbrücken, bieten sich in Berlin das Kaiserreich, die Weimarer Republik und die NS-Zeit in ihrem ganzen Gescheitertsein dar. In der U-Bahn kündigt der Zugführer über die Sprechanlage an, an den folgenden, unterhalb des Ostteils gelegenen Stationen nicht mehr anzuhalten. Beim Vorbeifahren erkennt man im dämmrigen Tunnellicht bewaffnetes Wachpersonal und Schäferhunde. Ich bekomme eine Ahnung von der Realität der Ostblockdiktaturen. Auf einer Aussichtsplattform am Brandenburger Tor sehe ich die beiden nationalen Sackgassen, die von beiden Stadthälften kommend in der Mitte, an der Mauer, abrupt enden – Unter den Linden und die Straße des 17. Juni. Der Anblick gibt mir ein gutes Gefühl – weit weg von der Bundesrepublik, die hier »Westdeutschland« heißt, nicht mehr im Inland und auch nicht im Ausland, sondern in einer Zone von gleichzeitig nachwirkenden und wirkenden Geschichtsepochen, aufgeteilt in die vier Stadtsektoren der Alliierten, unter deren Patronat zumindest im Westteil unendlich viele Kieze gedeihen: Stadtteilkulturen, experimentelle Lebensnischen und Szenen wie etwa die Autonomenszene, die Frauen- und Lesbenszene oder die Multikultiszene, in denen gleichermaßen der Geist der Verweigerung gegenüber deutschen Großmachtträumen wirkt.

Vom ersten Moment an empfängt mich die Stadt auch mit einer mir bis dahin nicht bekannten Bereitschaft, die Verantwortung für die deutsche Vergangenheit zu tragen. Eine Erinnerungs- und Trauerkultur ist im Entstehen, die später in die Debatte um das Holocaust-Mahnmal mündet. Auf dem Prinz-Albrecht-Gelände, einer Brache mitten in der Stadt, sind die freigelegten Gestapo-Keller zur Dauerausstellung *Topographie des Terrors* eröffnet worden. Am U-Bahnhof Wittenbergplatz, direkt vor dem KaDeWe, wo stündlich Tausende von Passanten vorbeigehen, steht eine Tafel: »Orte des Schreckens, die wir nicht vergessen dürfen …« – und zählt sodann die deutschen Vernichtungslager auf. Mir gefällt die Selbstverständlichkeit, mit der diese Tafel auf diesem Platz steht – kein großer Zeigefinger, keine bedeutungsschwere Gestaltung, nur ein Zeichen im Alltag. Jeder kann selbst entscheiden, ob er beim Anblick der Tafel innehält. Solche und andere eindeutigen, nicht nur bei Gedenkveranstaltungen geäußerten Absagen an die deutsche NS-Vergangenheit sind dem indirekten, aber überall spürbaren Einfluss der Alliierten zu verdanken. Gerade in der älteren Generation der Redakteure beim *Tagesspiegel* klingt ein fortwährendes Bewusstsein für die Freiheit durch, die die westlichen Alliierten in die Stadt gebracht haben.

In dieser Freiheit werden Dinge aussprechbar, die unter den Hamburger Studenten und Professoren kein Thema gewesen sind. Ich lerne eine Philosophiestudentin kennen, die mir relativ schnell erzählt, dass ihr Vater in der SS gewesen sei. Obwohl ich schockiert bin, da mir solches noch niemand je so offen mitgeteilt hat, folge ich nicht meinem ersten Impuls, sofort auf Distanz zu gehen, sondern erkenne darin die Chance: Dies ist nicht der »kritische Ansatz«, den ich vom Politologiestudium her gewohnt bin, der des NS-Regimes wissenschaftlich und von »oben« Herr zu werden versucht – ohne dabei die eigene, persönliche Verwicklung zu thematisieren. Diese Studentin führt eine Auseinandersetzung mit dem geistigen und psychischen Einfluss konkreter Personen in ihrer Familie auf die eigene Biographie. Sie beschreibt mir ihren Vater, dessen Tag damit beginnt, Geige zu spielen, und die Ambivalenz, diese Art von Kultiviertheit mit der blutig-verbrecherischen Eliteorganisation, der er angehört hat, in Verbindung zu bringen. Anhand von Sätzen wie: »Die Juden sollen mal lernen, was Arbeit ist« beschreibt sie mir auch, mit welchen moralischen Werten ihre Eltern vorgeben, nichts vom Genozid in den vermeintlichen »Arbeitslagern« gewusst, zugleich diese aber im Prinzip bejaht zu haben. Meine Begegnung mit dieser Studentin nimmt vorweg, womit etwas später der israelische Psychologe Daniel Bar-On bekannt wird: therapeutische Treffen zwischen »Täter-« und »Opferkindern«. Heute würde ich mich auf solche Begegnungen nicht mehr einlassen. Es hat von ihnen mehrere auch in organisierter Form in Berlin gegeben. Meine Erfahrungen dabei haben mir gezeigt, dass die »Täterkinder«, die ohnehin meist sehr viel intaktere Kindheiten genossen haben, oftmals nur bis zu einer bestimmten Grenze gehen und sich dann verschließen, während die »Opferkinder« von vornherein ungleich schutzloser ihren aufgerissenen Wunden ausgeliefert sind. Obendrein gefällt mir die Tendenz nicht, nach der sich am Ende alle als »Opfer« sehen, die »Täterkinder« gar versuchen, die Seite zu wechseln – bis hin zum Übertritt zum Judentum. Trotzdem hat sich bei diesen Begegnungen etwas in mir gelöst und mir geholfen, die Zone der Unaussprechlichkeiten, die wie ein Graben zwischen den »Nachgeborenen« wirkt, zu verkleinern. Das gilt vor allem auch für meine Fähigkeit, aus dem »Täter-Opfer«-Schema herauszutreten – meine eigene Lebensgeschichte vielschichtiger zu erleben und mir dabei mehr Eigenverantwortung zu gestatten.

Zunächst widme ich meine ganze Konzentration dem Volontariat im *Tagesspiegel*. Ich genieße es, keine »wissenschaftlichen« Seminararbeiten mehr schreiben zu müssen, sondern einfach nur in das Leben der Stadt einzutauchen. Anfangs bin ich noch darüber enttäuscht, dass mein Volontariat nicht in der Nachrichtenredaktion beginnt, wo es um »große Politik« geht, sondern im Ressort Lokales. Doch erweist sich dies als Segen. Täglich gehe ich zu Pressekonferenzen, lerne Menschen kennen, bekomme mit, wie Politik in den Berliner Verwaltungsstrukturen gemacht wird.

Das jüdische Leben ist hier ungleich facettenreicher als in Hamburg. Schon kurz nach dem Umzug trete ich in die Jüdische Gemeinde zu Berlin ein. Jeden Schabbat sind vier Synagogen in Betrieb. In keiner anderen Gemeinde Deutschlands können die Mitglieder wählen, ob sie eine orthodoxe oder eine liberale Synagoge besuchen. In so gut wie allen anderen Städten gibt es nur einen »Einheitsgottesdienst« für alle, der nach orthodoxer Art gehalten wird, jedoch manches unorthodoxe

Verhalten übersieht, etwa dass fast alle Mitglieder am Schabbat mit dem Auto zur Synagoge fahren, ihre Geschäfte geöffnet sind und sie auch ansonsten in keiner Weise das absolute Arbeitsverbot halten.

An einem Schabbat besuche ich die liberale Synagoge Pestalozzistraße und erlebe dort erstmals einen Gottesdienst im Stil des 19. Jahrhunderts – mit Orgel und Synagogenchor, bestehend aus Männer- und Frauenstimmen, für die von Louis Lewandowski komponierte Liturgie. In Düsseldorf wäre ein solcher Gottesdienst undenkbar und würde allein schon wegen der Orgel als »zu kirchlich« abgetan. Ich höre an diesem Schabbat auch zum ersten Mal Estrongo Nachama, den berühmten Kantor, der als Einziger seiner griechisch-jüdischen Familie Auschwitz überlebt hat und nach dem Krieg in Berlin geblieben ist. Obwohl er selbst ein *sefardischer* Jude ist, hat er die vor der *Schoa* in Deutschland übliche Lewandowski-Liturgie gelernt und sie jahrzehntelang in dieser Synagoge am Leben erhalten. Mir ist ein Gottesdienst mit opernähnlichen Tenor- und Sopranstimmen fremd. Aber als Nachama das *Barchu* (»Lasst uns segnen«) anstimmt, kann ich mich nicht mehr halten. Es ist dieses unbeirrbare Festhalten am *Bund Gottes*, dieser ewige Klang, selbst noch nach Auschwitz, mit dem die Kantoren die Synagogen dieser Welt füllen, der mich beim Hören von Nachamas Stimme plötzlich so sehr schmerzt, dass ich den Rest des Gottesdienstes weine.

Zugleich nehme ich teil an den regelmäßigen Zusammenkünften der *Jüdischen Gruppe*. Ihre Sprecherin, Alisa Fuss, die sich auch in der *Liga für Menschenrechte* engagiert, hat die Gruppe 1982 aus Protest gegen den israelischen Libanonkrieg gegründet, womit sie jedoch in den Augen der Gemeindegesellschaft als »antizionistisch« diskreditiert ist. Ich stimme den politischen Positionen der Gruppe in Bezug auf Israel nur bedingt zu, genieße aber ihr offenes Diskussionsklima. Die Mitglieder kritisieren öffentlich den autoritären Führungsstil des Berliner Gemeindevorsitzenden Heinz Galinski. Dieser duldet keine oppositionellen Stimmen in den eigenen Reihen. Damit geht unter anderem auch häufig ein grober Ton der Gemeindemitarbeiter einher. Mehrere Mitglieder der *Jüdischen Gruppe* fühlen sich deswegen verletzt und sind aus der Gemeinde ausgetreten oder wollen gar nicht erst eintreten. Ich kenne das Seufzen über die mangelnde demokratische Kultur in der Gemeinde schon aus Hamburg. Ihr Vorsitzender verhält sich nicht weniger autoritär, wehrt Anstöße für eine Erneuerung sofort ab und fördert ein beklemmendes Klima, in dem sich viele nicht willkommen fühlen. Gleichwohl werden er und Galinski immer wieder mit überdeutlichen Mehrheiten gewählt.

Die »Jüdische Gruppe« hat zwar keinen Einfluss in der Gemeinde, aber sie ist ein Forum für interessante Diskussionen unter jüdischen Linksintellektuellen in Berlin. Zu einem Treffen kommt Mario Offenberg, der zu diesem Zeitpunkt einen Kampf für das Wiedererstehen der einstigen modern-orthodoxen »Austrittsgemeinde« Adass Jisroel führt. Es geht dabei auch um die Rückgabe von Grundstücken, die nach der Schoa der großen »Einheitsgemeinde« übertragen worden sind. Der Streit – Galinski will keine zweite Gemeinde mit dem Status einer »Körperschaft des öffentlichen Rechts« – bringt für mich etwas von den jüdischen Koordinaten Berlins vor der Schoa wieder zum Vorschein. Adass Jisroel hat sich 1869 gegründet und den modernen gesetzestreuen Juden eine Alternative zur großen, eher liberalen Jüdischen Gemeinde geboten. Offenberg wird am Ende vor dem Bundesverwaltungsgericht gegen Galinski obsiegen.

Anfangs suche ich noch Leute, die mir einen Ersatz für meine Hamburger *Jeschiwa* bieten könnten. Bald gebe ich dies jedoch auf. Die Bibel auf Hebräisch zu lesen weckt in meinen Kreisen keine Leidenschaft. Dennoch trifft mich eine Bemerkung meiner Freundin Maya Oschitzki, die mir fortan nicht mehr aus dem Kopf gehen wird. Ich habe Maya bei einer Pressekonferenz kennen gelernt. Heute gehört sie dem Vorstand der *Deutsch-Israelischen Gesellschaft* an. Damals liegt sie in den letzten Zügen ihres Studiums der Medienwissenschaft und absolviert gerade ein Praktikum beim *Spandauer Volksblatt*. Es ist zunächst nur das journalistische Interesse, das uns verbindet. Die Aktivitäten der *Jüdischen Gruppe* bewertet sie kritisch und kann nicht nachvollziehen, warum ich zu den Treffen gehe. Aber wenn ich über meine Erkenntnisse aus der Hebräischen Bibel spreche, wird sie jedes Mal ganz aufmerksam. Maya ist es, die mich eines Tages in einem solchen Moment plötzlich unterbricht und sagt:»Merkst du gar nicht, wie du anders wirst, wenn du über solche Themen sprichst? Du hast dann eine ganz andere Überzeugungskraft. Du solltest auf dieser Schiene unbedingt weitermachen.«

Im April 1987 überrascht mich der plötzliche Tod Lilos. In ihrem Haus in den Niederlanden bricht nachts ein Brand aus. Wahrscheinlich hat sie nicht gelitten, sondern ist von den Brandgasen ohnmächtig geworden, bevor das Feuer sie erfasst.

Während dies geschieht, befinde ich mich in Südspanien.

Auf dem Weg dahin habe ich mit einer Freundin in Düsseldorf Halt gemacht und Lilo zum letzten Mal gesehen. Ihre psychischen Probleme verbinden sich inzwischen mit den verschiedensten körperlichen Leiden, die alle nicht heilen, für deren Heilung Lilo aber auch nichts tut. Unter diesen Bedingungen hat es in den letzten Jahren keine wirkliche Begegnung mehr zwischen uns gegeben. Zu Konrads Teilnahme an einer Ausstellung von westdeutschen Künstlern in Ostberlin kommt sie noch mit. Ich habe hierzu eine Einladung von der Ständigen Vertretung der Bundesrepublik Deutschland in der DDR bekommen. Am Abend der Eröffnung fahre ich über die Grenze in den Ostteil der Stadt und treffe meine Eltern in der Ausstellung. Konrad ist auf einem Höhepunkt seiner künstlerischen Karriere. In Anbetracht seiner terminlichen Vorgaben, die sich in erster Linie an der Ausstellung orientieren, und Lilos Stimmung, in der sie geradezu quälend hauptsächlich von ihren Krankheiten redet, ohne jedoch deren Genesung anzustreben, will ich es plötzlich zu keiner Verabredung mehr in Westberlin kommen lassen und fahre noch vor Ende des Abends wieder zurück auf die andere Seite. Von da an herrscht nur noch spärlicher Kontakt zwischen meinen Eltern und mir.

Lilos plötzlicher Anruf vor meiner Spanienreise wendet das Blatt jedoch noch einmal. So kommt es zu dieser letzten Begegnung in Düsseldorf.

Lilo reißt sich während dieser zwei Tage zusammen, spricht mir zuliebe und vielleicht auch wegen der Anwesenheit der Freundin nicht von ihren Schmerzen, von denen ich ohnehin nichts mehr wissen will. In dieser vollkommenen Selbstbeherrschung kommt jene Lilo zum Vorschein, auf die ich stolz bin: geistreich, mehrere Sprachen sprechend, mit einem künstlerischen Blick begabt, warmherzig und sehr viel Empathie verströmend. Bei unserem Abschied nehmen wir uns für einen langen Moment in den Arm und versichern wir uns, wie lieb wir einander haben.

In Spanien halte ich mich nirgends lange auf, fahre mit dem Auto durch Andalusien und übernachte an den verschiedenen Stationen meiner Reise. In der Brandnacht befinde ich mich in einem Dorf am Meer. Ich kann in dieser Nacht nicht schlafen. Die Straßengeräusche mischen sich turbulent in mein aufgewühltes Halbwachen. Am nächsten Morgen auf dem Weg zum Strand bleibe ich an einem Brunnen stehen. Die letzten liebevollen Augenblicke mit Lilo wirken noch nach. Ich empfinde plötzlich eine heftige Sehnsucht nach ihr. Wie in einer Vorahnung, was in den kommenden Jahren geschehen würde, sage ich auf einmal laut: »Jetzt kann ich endlich meine Mutter annehmen«, und spüre, wie dabei ein Teil von ihr in mir zum Leben kommt.

Erst als ich von meiner Spanienreise zurück in Berlin bin, erfahre ich von Lilos Tod in der Zwischenzeit. Die Beerdigung hat längst stattgefunden. 400 Menschen haben daran teilgenommen. »Deine Mutter war eine ganz wunderbare Frau«, würde mir Rabbiner Peter Levinson später sagen: »Man konnte sich phantastisch mit ihr unterhalten. Sie war unendlich anregend.« Und der Halbbruder meines Großvaters, »Onkel Ludi«, der in New York lebt und den Lilo regelmäßig dort besucht hat, sagt mir später: »Die Lilo war eine richtige *Neschome* (jüdische Seele) – immer lebensbejahend und aktiv.« Bis heute spiegelt sich Lilos Empathie in den Menschen wider, die sie geliebt haben – die alten jüdischen Damen aus Tschernowitz, Budapest oder Wilna, mit denen sie auf der Frauengalerie in der Düsseldorfer Synagoge die Reihe geteilt hat, die jüdischen und nichtjüdischen Künstler, mit denen sie nicht nur endlos lange Telefonate geführt, sondern sich auch gern zu einem Glas Sherry schon am Vormittag getroffen hat, die Putzfrau, der Gemüsehändler, die Friseurin, der sie, »um mal was anderes zu lesen«, einen Roman von Isaac Bashevis Singer geschenkt hat, und die niederländische Gärtnersfrau, die nach Lilos Tod Trauergedichte an die verlorene Freundin schreibt. Ich weiß um diese Lilo, aber als ihre Tochter habe ich meist nur ihre zerstörte Seite erlebt. Und so liegt eine eigene Symbolik darin, dass ich nicht bei ihrer Beerdigung anwesend bin, sondern zwei Wochen später alleine an ihrem Grab stehe. Sie ist 53 Jahre alt geworden, ich bin zu diesem Zeitpunkt 24.

Ein Jahr zuvor ist Konrads Mutter, Anna, gestorben. Von ihr habe ich einige philosophische Bücher geerbt. Konrad beschließt, dass ich auch Lilos Bücher erben soll. David, mein Bruder, erhält Lilos Sammlung jüdischer Kultgegenstände, alte Toraschilder und -zeiger, *Besamim*-Dosen, *Chanukka*-Leuchter und Schabbatkerzenhalter.

Ich kenne Lilos Bücherschrank seit jener Szene in meiner Kindheit, als sie mir die Bilder von den Ghettos und Konzentrationslagern gezeigt hat. Genau diese Bücher erwarte ich jetzt auch in den sechs großen Umzugskartons, die Konrad nach Berlin schickt.

Doch beim Auspacken halte ich plötzlich Bücher in der Hand, die ich noch nie zuvor in Lilos Bücherschrank wahrgenommen habe: ein Talmud-Tora-Lexikon aus dem Jahr 1892, *Midrasch*-Sammlungen von Emanuel bin Gorion, gedruckt 1916, rabbinische Kommentare zu Talmudtraktaten, die vor der

Schoa erschienen sind, darunter auch die »hellenistischen« Analysen des Orientalisten Jakob Fromer, die ihn 1906 seinen Posten als Chefbibliothekar in der Jüdischen Gemeinde zu Berlin kosten, eine lose Blättersammlung von einem Vergleich zwischen talmudischem und römischem Recht, der 1938 in Wien erscheinen soll, jedoch wahrscheinlich wegen des »Anschlusses« nicht mehr gebunden werden kann, der größte Teil der Schocken-Bücher, die zwischen 1933 und 1939 in Berlin erscheinen und in denen sich in Autoren wie Franz Rosenzweig, Martin Buber oder Gershom Scholem noch einmal alles aufbäumt, was der große Geist des deutschen Judentums vor der *Schoa* zu bieten hat.

In meinen eigens für Lilos Bücher angeschafften Ikea-Regalen wächst mit jedem Buch, das ich auspacke, eine kleine rabbinische Bibliothek heran – eine Bibliothek, die ganz aus dem Geist des deutschen Judentums vor der *Schoa* lebt. Nur der geringste Teil sind Bücher über die NS-Zeit, der größte sind Bücher über jüdische Religion, Philosophie und Geschichte.

Ich kann mir kaum vorstellen, dass Lilo sie gelesen hat. In manchen Bänden sehe ich ein Lesezeichen auf einer der ersten Seiten. Aber ich kann mir gut vorstellen, wie sie – die passionierte Sammlerin – diese Bücher gesammelt hat, wie sie in Antiquariaten, deren Inhaber möglicherweise gar nicht wissen, was sie zwischen anderen verstaubten Bänden stehen haben, den Preis herunterhandelt und das Buch von seiner ahnungslosen Umgebung erlöst. Sie hat die Bücher bestimmt nicht gelesen. Das hätte ich gemerkt. Aber sie hat sie gesammelt. Und ich würde sie lesen.

Das ist Lilos Vermächtnis an mich.

Kurz darauf schlage ich die Stelle im *Tanach* auf, an der meine Freundinnen und ich in Hamburg aufgehört haben. Jetzt besitze ich eine Handbibliothek mit Kommentaren und historischen Analysen. Mein Hebräisch ist inzwischen ausreichend, um alleine weiterlesen zu können. Es entsteht, was ich in den folgenden Jahren »meinen Schabbat« nenne: Jeden Freitagabend zünde ich die Schabbatkerzen an, womit sich meine Wohnung in einen kleinen »Lerntempel« verwandelt. Auf dem Tisch steht das Glas Wein, dazu der aufgeschlagene *Tanach*, das unverzichtbare Wörterbuch Hebräisch-Deutsch, Kommentare und andere Sekundärliteratur zum Thema. Ich lese und übersetze so viel, wie ich Lust habe und aufzunehmen vermag. Wenn mir danach ist, gehe ich manchmal mit meinem *Tanach* auch in ein Café, breite Wörterbuch und Papier auf dem Cafétisch aus und trinke das Glas Wein dort. Am Freitagabend entsteht eine Liste mit neuen Wörtern. Am Samstagmorgen lerne ich zunächst die »Vokabeln«. Dann lese ich den biblischen Text laut und wiederhole ihn so lange, bis mir das Hebräisch flüssig über die Lippen kommt und ich alles, ohne noch nachdenken zu müssen, verstehe. Sodann lese ich den Rest des Wochenendes alles, was ich zu dem jeweiligen Tora-Wochenabschnitt in den Büchern finden kann, und schreibe zum Schluss meinen eigenen Kommentar dazu. So entstehen über die Monate und Jahre dicke Kladden mit Notizen und Gedanken zu den Texten in der Hebräischen Bibel. Sie sind bis heute das Fundament, auf dem ich stehe – ich habe es mir völlig frei, ohne Vorgaben von Lehrern und ohne berufliche Ziele, erschlossen: *tora lischma* – Tora um ihrer selbst willen.

So lebe ich zunehmend zweischienig. Eine säkulare Arbeitswoche im Journalismus, dann das Schabbat-Intervall in der Welt der Hebräischen Bibel. Doch der Schabbat weitet sich aus.

Im ersten Jahr nach Lilos Tod macht sich meine allmähliche Veränderung auch für andere bemerkbar. Einen Freund, der depressiv gestimmt ist und in nichts noch einen Sinn erkennt, lade ich ein, um zusammen das Buch *Kohelet* (Prediger) zu lesen. Schon König Salomo kennt Zeiten, in denen man an allem zweifelt und verzweifelt. Im Vorfeld unseres Treffens übersetze und kommentiere ich den Text. Wir stellen fest, dass man mit den Inhalten der Bibel auch therapieren kann. Mit einer Freundin, die fasziniert von Lion Feuchtwangers *Die Jüdin von To-*

ledo ist, lese ich das *Schir Haschirim* (Hohelied Salomos). Ich bekomme eine Ahnung davon, welch wichtige Rolle ein aktiver weiblicher Eros im Judentum spielt. Er liegt bereits in der Bibel verankert. An *Jom Kippur* gehe ich, wie auch in den vergangenen Jahren, außer zu *Kol Nidre* nicht in die Synagoge – nicht einmal zu *Jiskor*, wo ich Lilo hätte gedenken können. Doch ich lese und kommentiere in gewohnter Manier zu Hause das Buch *Jona*. Dieses wird üblicherweise am Nachmittag des *Jom Kippur* vorgetragen. Im Anschluss an die Lektüre spreche ich ein *Kaddisch* für Lilo. Zu *Pessach* lade ich ein Dutzend Leute ein. In den Tagen zuvor habe ich die *Hagada* übersetzt und kommentiert. Inzwischen bin ich selbstsicher genug, den *Seder* zu leiten und ihn mit provozierenden weiteren Texten zusätzlich intellektuell anzuheizen. So füge ich in die *Hagada* Passagen aus Sigmund Freuds *Der Mann Moses und die monotheistische Religion* ein.

Nach dem Volontariat beim *Tagesspiegel* werde ich 1988 Redakteurin in der Berlinredaktion der *taz* (*die tageszeitung*).

Viele Juden fragen mich, wie ich für eine Zeitung arbeiten könne, die täglich ein verzerrtes und propagandistisches Bild vom Nahostkonflikt herstellt, in dem die Israelis mit sturer Regelmäßigkeit »Täter« und die Palästinenser »Opfer« sind. Dieser Einwand ist zwar richtig. Was mich aber trotzdem anzieht, ist die Chance, aus einem jüdischen Blickwinkel eine politische Position zu entfalten – nicht in Bezug auf Israel, sondern auf Deutschland.

Gleich zu Anfang stelle ich gegenüber den anderen Redakteuren klar, dass ich keine Artikel über den Antisemitismus oder über Veranstaltungen zum Gedenken an die Opfer der *Schoa* schreiben werde. Das sei vielmehr ihre Aufgabe, da der Antisemitismus nicht primär das Problem der Juden ist, sondern das der deutschen Gesellschaft. Ebenso verwahre ich mich dagegen, dass sie die Berichterstattung über Gedenkveranstaltungen auf die einzige Jüdin in der Redaktion abschieben, da auf mir – wie auf allen Juden in Deutschland – ohnehin schon die psychische Bürde der täglich nachwirkenden NS-Geschichte lastet. Mein Beharren, dass vielmehr die nichtjüdischen Redakteure in der Verantwortung stehen, wenigstens journalistisch dem Gedenken an die Opfer gerecht zu werden, wird von meinen Kollegen nicht nur akzeptiert, sondern zustimmend bestätigt. Ich brauche keinen einzigen Artikel zu diesen Themen zu schreiben. Während meiner Zeit ereilt die *taz* außerdem eine intensive Debatte über die Grenzen stilistischer Freiheit. Ein Journalist hat in einem Artikel eine Diskothek als »gaskammernvoll« bezeichnet. Wochenlang erscheinen Diskussionsbeiträge über journalistisches Ethos angesichts der historischen Verantwortung. Die beiden Redakteurinnen, die die skandalöse Formulierung haben durchgehen lassen und sie bis zuletzt verteidigen, werden am Ende entlassen. Der Ernst der Debatte beeindruckt mich und gleicht etwas von meinem Unbehagen über die Israel-Berichterstattung aus.

Ich wähle ein ganz anderes Feld. Es sind die in Berlin lebenden ausländischen Minderheiten, die Immigranten und Asylbewerber. Da die *taz* von einem Deutschland als toleranter Einwanderergesellschaft träumt und diese herbeizuschreiben versucht, erkenne ich hier eine Art politisches Zuhause für mich und dabei größere journalistische Freiräume als in anderen deutschen Tageszeitungen. Der Kampf gegen Diskriminierung und für gleiche Rechte, das notwendige Umdenken der deutschen Mehrheitsgesellschaft, die ihre Staatsbürgerschaft immer noch mit Vorstellungen von einem homogenen Volk verbindet, sowie die verschiedenen kulturellen Einflüsse der Immigranten, die das Selbstverständnis Berlins verändern – in all dem klingt viel von den politischen und gesellschaftlichen Erfahrungen der jüdischen Diaspora an. So wird meine Zeit in der *taz* zu einem spannenden ersten Versuch, eine politische Position als bewusste Diasporajüdin zu entwickeln – freilich nicht anhand der eigenen, jüdischen Leute, sondern eines Mediums: der Immigranten und Flüchtlinge, die in der politischen Gegenwart Berlins täglich neue Themen und Geschichten hervorbringen.

Sehr schnell stoße ich an eine Grenze – eine andere jedoch, als ich erwartet habe. Der erste Eklat geschieht, als ich über eine Kirchenbesetzung von jugendlichen Asylbewerbern aus Bangladesch berichte. Vor Ort treffe ich zunächst verschiedene Deutsche an – Aktivisten in Berliner Flüchtlingshilfen und Asylberatungsstellen. Sie empfangen mich mit einer Presseerklärung gegen die drohende Abschiebung der Betroffenen und Statements gegen die restriktive Asylpolitik des Berliner CDU-Senates. Derweil spielen die jugendlichen Bangladeschi Fußball im hinter der Kirche gelegenen Garten. Der Pfarrer serviert Snacks und Säfte. Die Aktion ist offensichtlich mit der Kirchenleitung abgesprochen. Ich versuche die Jugendlichen zu interviewen, doch sie kichern nur verlegen. Weil sich keine richtige »Story« ergibt, überspiele ich der Redaktion zunächst nur eine sachliche Meldung, die lediglich die »Besetzung« der Kirche und die von den deutschen Asylaktivisten vorgetragenen Forderungen bekannt gibt. Die Redaktion hat dem Thema jedoch einen viel größeren Platz eingeräumt – als Aufmacher für die morgige Ausgabe! Meine Unerfahrenheit spielt mit herein, als ich mich überreden lasse, doch noch eine größere Reportage über das Geschehen zu schreiben. In der Kürze der Zeit, die beim Schreiben kein Nachdenken mehr erlaubt, entsteht genau der Eindruck, den ich von der Aktion habe: Deutsche Asylaktivisten veranstalten eine Aktion gegen die Berliner Senatspolitik, diejenigen, um die es geht, machen sich einen vergnüglichen Nachmittag, der Pfarrer unterstützt das muntere Treiben.

Am nächsten Tag ruft mich der Chef vom Dienst an: Die Asylaktivisten haben die *taz* besetzt und den Abdruck einer von ihnen verfassten Stellungnahme durchgesetzt. Darin prangern sie meine, wie sie es ausdrücken, »saumäßige Berichterstattung« an, mit der ich die Aktion »entpolitisiert« habe. Von diesem Moment an habe ich in den Kreisen der Berliner Asylaktivisten verspielt. Verschiedene andere Artikel, die ich über die Situation von Flüchtlingen in der Stadt schreibe, vermögen das Ressentiment gegen mich nur noch bedingt zu entschärfen.

In der Tat schreibe ich mit einer anderen Haltung, als es viele Asylaktivisten – eine wichtige Leserklientel der *taz* – verlangen. Zunächst ist mir der grundlegende Unterschied nicht voll bewusst. Er wird in diesen Kreisen jedoch sofort verstanden und mit aggressiven Leserbriefen quittiert. Mir liegt nicht daran, in erster Linie über Deutsche zu berichten, die sich mit Hilfe von Aktionen gegen die deutsche Asylpolitik auf der moralisch richtigen Seite fühlen. Ich folge ihnen nicht, wenn sie sich mit den politischen Flüchtlingen aus dem Ausland identifizieren, die einen vermeintlich ähnlichen Kampf gegen Diktaturen und Unterdrückung führen wie sie gegen das deutsche System – und damit ihren nachträglichen Widerstand gegen die NS-Diktatur zu leisten meinen. Vielmehr will ich die Stimmen der in Berlin lebenden Ausländer selbst zu Wort kommen lassen und ihnen innerhalb des hiesigen politischen Systems mehr Gewicht geben. Der Begriff »Zivilgesellschaft« hat die Sprache noch nicht erobert. Was sich mit ihm verbindet, ist jedoch auch Leitfaden meines journalistischen Ansatzes. Dieser löst die deutsche Hegemonie der politischen Kultur auf, indem sich Immigranten gleichberechtigt einbringen – nicht als »unterdrückte Opfer«, sondern als aktive Bürger im demokratischen Staat. Entsprechend reiben sich verschiedene meiner Artikel mit dem, was gemeinhin als Ausländerpolitik gilt.

Meine Freundin Sevim Celebi, die als erste türkische Immigrantin in ein deutsches Parlament gewählt wird, erlebt in dieser Zeit ähnliche Konflikte. Als Abgeordnete der Alternativen Liste, AL, hat sie ein »Immigrantenpolitisches Forum« im Berliner Abgeordnetenhaus gegründet. Dort treffen sich Ausländer, die zum Teil schon seit Jahrzehnten in der Stadt leben, um sich politisch stärker einzubringen. Führende AL-Mitglieder hintertreiben jedoch Sevims Schwerpunkt und verlangen, dass sie ihr Augenmerk effektiver auf die Asylpolitik des Senates richte und dieser mit spektakulären Aktionen begegne. Die Anliegen von Immigranten, die sich längst in Berlin eingerichtet haben, halten sie für kleinteilig, mitunter gar für reaktionär. In solchen Auseinandersetzungen stelle ich fest, wie schwer es für viele der engagierten Deutschen ist, auf gleicher Augenhöhe mit Ausländern zu sprechen und diese ihre Anliegen selbst vertreten zu lassen – statt in ihrem Namen einen heldenhaften, paternalistischen Kampf zu führen, der vor allem auch dem eigenen überlegenen Selbstwertgefühl dient. Sevims Argument, dass die Integration der Immigranten ins politische System genauso wichtig sei wie Aktionen gegen die deutsche Abschiebepolitik, wird damals noch nicht verstanden.

Ebenso wird in diesen Kreisen mein journalistischer Blickwinkel als »gefährlich« gebrandmarkt. Die Auseinandersetzung mit der »multikulturellen« Gesellschaft ist erst im Entstehen. Als ich eine ganzseitige, wohlwollend gestimmte Reportage über die Aktivitäten des *Türkischen Kaufleutevereins* und die wachsende türkische Mittelschicht in Berlin schreibe, ruft dies die Kritik hervor, dass ich »kleinbürgerlichen Werten« das Wort redete. Da ich es ablehne, Ausländer ausschließlich als »unterdrückte Opfer« der deutschen Gesellschaft anzusehen, habe ich einen anderen Zugang zu ihren verschiedenen Subkulturen. Ich bin bestrebt, ihren aktiven Part im gesellschaftspolitischen Leben hervorzuheben. Dabei erlaube mir auch einen kritischen Blick angesichts der Verantwortung, die sie als Berliner Bürger mittragen, die aber von *taz*-Autoren und -Lesern bislang kaum eingefordert worden ist – da sie ja nur »Opfer«, also für ihre Situation nicht verantwortlich sind. So schreibe ich zum Beispiel eine Reportage über eine Moschee in meiner Nachbarschaft. In dem stickigen, zum Gebetsraum umfunktionierten Keller folgen die verschleierten Frauen dem über Lautsprecher übertragenen Gebet der Männer im Obergeschoss. Im Anschluss unterhalte ich mich mit einigen von ihnen. Mich bestürzt ihr hermetisch geschlossenes Weltbild, das jegliche Berührung mit der westlichen Gesellschaft ablehnt. Heute ist diese Moschee als radikalislamistisch bekannt. Damals, als ich meine beklemmenden Eindrücke wiedergebe, wird mir »arrogante Fremdenfeindlichkeit« vorgeworfen.

Aber auch in der *taz* habe ich bisweilen Schwierigkeiten mit meinem Ansatz. Eine Reportage über eine Razzia durch Bordelle, in denen illegal aus Thailand eingereiste Prostituierte arbeiten, wird fast nicht gedruckt, weil, wie mir der Chef vom Dienst sagt, der Text »nicht klarstellt, dass die Thailänderinnen die Opfer und die Polizisten die Täter« sind. Tatsächlich habe ich in dem Artikel nicht nur über Schlepperringe und Menschenhändler geschrieben, sondern auch über Frauen, die aus freien Stücken bereits mehrfach nach Berlin gekommen sind.

Ich beginne allerdings – wenn auch aus anderen Gründen – ebenfalls an meinem journalistischen Ansatz zu zweifeln. Jeder, der sich auf die Immigrantenszene einlässt, stößt auch auf beunruhigende politische Kräfte. Sogar im links-alternativen *Immigrantenpolitischen Forum* äußert ein Mitglied unverhohlen Hass auf die »jüdische Lobby in den USA«. Mein Nachfragen erkennen die anderen nicht als Alarmsignal, sondern versuchen mich zu beschwichtigen: Ich solle solche Bemerkungen doch nicht persönlich nehmen. Aber darum geht es nicht allein. Ich erkenne, dass diese Gruppe nicht in der Lage ist, die Minderheitenrechte zu schützen, die sie selbst von der deutschen Gesellschaft fordert.

Es ist die *taz*, die meinen Ansatz als erste deutsche Zeitung zugelassen und bei den allmorgendlichen Themenkonferenzen diskutiert hat. Im Rückblick erkenne ich, dass die Erregung über meine Artikel ein positives Zeichen ist. Ich habe das richtige Thema berührt und dabei nur den ersten Aufschrei provoziert. Ihm würden in den folgenden Jahren große gesellschaftliche Debatten folgen, die bis auf den heutigen Tag nicht abgeschlossen sind. Dennoch münden die Angriffe gegen mich in eine Belastungsprobe, der ich damals noch nicht gewachsen bin. Mehrere Initiativen besetzen abermals die *taz* und verlangen, dass diese eine Erklärung auf der ersten Seite ihrer überregionalen Ausgabe veröffentlicht. Darin wird die *taz* des »Rassismus« bezichtigt. Eines der angeführten Beispiele ist ein Kommentar von mir, in dem ich erläutere, dass der antideutsche Ton in vielen Immigranteninitiativen nicht ausreiche, um konstruktive politische Veränderungen herbeizuführen. Die Besetzer verlangen, dass das Zitat mit meinem vollen Namen erscheint. Die *taz*, die selbstkritische Debatten nicht scheut, will die Erklärung drucken. Während einer Sitzung mit den Redakteuren und Besetzern erkläre ich mich damit einverstanden, dass aus meinem Artikel zitiert wird, jedoch ohne meinen Namen anzuführen. Erst kürzlich ist ein Kollege wegen eines kritischen Artikels von zwei »Autonomen« verprügelt worden: Sie haben ihm in seinem Hausflur aufgelauert, am nächsten Tag Feuer im Keller unter seiner Parterrewohnung gelegt und später, als er zur Arbeit fährt, Steine gegen die Windschutzscheibe seines Autos geworfen. Angesichts der geladenen Stimmung der Besetzer befürchte ich ähnliche Angriffe gegen mich, da ich durch die Veröffentlichung meines Namens bundesweit als »Rassistin« stigmatisiert werde. Die Redakteure stimmen meiner Bitte zu. Trotzdem erscheint am nächsten Tag mein Namenskürzel zum Zitat. Ich weiß nicht, ob dahinter Achtlosigkeit oder aber böser Wille steckt. Jedenfalls fühle ich mich plötzlich schutzlos, was mit dazu beiträgt, dass ich nach etwa einem Jahr bei der *taz* wieder aufhöre.

In dieser Zeit trennt sich mein damaliger, nichtjüdischer Freund von mir. Er bezeichnet sich als »Agnostiker«. Religionen hält er für »Sekten«. Für meine Auseinandersetzung mit dem Judentum fehlt ihm das Verständnis. Aber auch meine Konflikte in der *taz* rufen in ihm immer größeren Widerwillen hervor. Ein Streit zwischen uns entzündet sich an einem gemeinsamen indonesischen Bekannten. Mein Freund nennt diesen konsequent einen »Deutschen«, der schon mehr als ein Jahrzehnt in Berlin lebt. Ich wende ein, dass der Bekannte auch seine eigene Kultur mitgebracht habe, die man nicht verdrängen solle. Meinem Freund platzt plötzlich der Kragen. »Du hast ein Problem. Aber dein Problem ist *dein* Problem – und nicht das der anderen.« »In der Tat«, entgegne ich, »ich habe einen jüdischen Blickwinkel: Nicht alle müssen zu ›Zwangsdeutschen‹ werden.« Entnervt erwidert er: »Dann sag mir mal bitte, was an dir jüdisch ist!?«

Der Streit, dem bald darauf die Trennung folgt, gibt mir einen entscheidenden Anstoß. Unversehens bin ich auf mich selbst zurückgeworfen. Bei meiner Arbeit in der *taz* habe ich versucht, einen jüdischen Blickwinkel mit gesellschaftspolitischen Inhalten zu füllen, ohne jedoch das Jüdische selbst zu benennen. Dieser Versuch ist gescheitert. Ich bin in einem Dickicht von Immigranteninitiativen, Asylaktivisten, Ausländerpolitikern sowie den sich abzeichnenden Morasten der multikulturellen Gesellschaft gelandet. Warum habe ich nicht gleich versucht, einen Standpunkt zu formulieren, der sich von vornherein anhand von jüdischen Anliegen zu erkennen gibt? Natürlich nicht einer, der sich erst beim Antisemitismus und Antiisraelismus zu Wort meldet, und auch nicht einer, der nur auf den Nahostkonflikt fokussiert – sondern einer, der originär aus einem positiven Judentum heraus in die allgemeine Gesellschaft, hier in Berlin, in Deutschland hineinwirkt und diese mitgestaltet. Woran würde ich ihn festmachen? Woraus würde ich meine Argumente schöpfen?

4. Deutsches Judentum

Mein erstes »deutsch-jüdisches« Erlebnis habe ich kurz nach Lilos Tod, als ich zum ersten Mal ihren »Onkel Ludi« in New York besuche. Ludi – das ist Ludwig Boettigheimer, der rechtzeitig mit seiner Frau Marianne Frankfurt verlassen hat. Zusammen mit anderen deutsch-jüdischen Emigranten gründet er 1939 eine Reformgemeinde in Manhattan: *Congregation Habonim* (»Die Erbauer«). Lilo besucht ihren Onkel jedes Jahr. Ich kenne ihn nur durch die Geschenke, die Lilo mitbringt. Meist sind es Gegenstände, die mit Musik zu tun haben, zum Beispiel eine schicke Tasche mit aufgedruckten Noten von Mozarts *Kleiner Nachtmusik*. Ludi geht fast jeden Abend ins Konzert. Als Rentner erhält er ermäßigte Eintrittskarten und weiß überdies, wo gratis gute Konzerte gespielt werden. Jedes Mal kommt Lilo voller Geschichten von Konzerten, in die Ludi sie hineingeschleust hat, aus New York zurück – in die »Met«, in das Open-Air-Konzert im Central Park, in Generalproben oder in Aufführungen von Studenten. Von einer ihrer Reisen nach New York bringt sie jedoch ein Büchlein mit dem Stammbaum ihrer Familie und einen *Sidur* mit, der in der *Congregation Habonim* benutzt wird. Vorne steht eine Widmung für Lilo vom Rabbiner und seiner Frau: Bernie und Miriam Cohn.

Es ist ein »Reform-*Sidur*«. Er enthält die typischen Veränderungen, die liberale Rabbiner in Deutschland im 19. Jahrhundert beschlossen haben. Das Primat haben die ethischen Prinzipien vor den kultischen Gesetzen. Passagen, die den Wiederaufbau des Jerusalemer Tempels und die Rückkehr zum Opferkult wünschen, sind ausgelassen. Als Lilo mir den *Sidur* zeigt, beschließe ich spontan, einen Artikel über das Reformjudentum für die Studentenzeitschrift des BJSD zu schreiben. Da kommt es zu einer merkwürdigen Szene: Lilo sieht mich entgeistert an, beschwört mich vehement, nicht unbedarft ein Feld zu betreten, das ich ihrer Meinung nach nicht ermessen könne; ich entgegne, dass ich wahrscheinlich nur abschreiben werde, was ohnehin in Büchern steht. Sie bricht in Tränen aus. Ich würde als Uneingeweihte das Heiligtum anderer Menschen entweihen. Andere hätten jahrelang gelernt, was Reformjudentum bedeute, und seien große Gelehrte geworden – aber ich würde mir ohne Kenntnisse ein Urteil anmaßen. Ich verstehe nicht, was sie so aufregt, beherrscht sie doch selbst nicht einmal Hebräisch.

An einem Freitagabend im Winter 1987 sitze ich zum ersten Mal selbst neben Onkel Ludi in der *Congregation Habonim* in Manhattan. Die älteren Menschen sprechen Englisch mit einem teilweise sehr starken deutschen Akzent. Ludi, der offensichtlich eine tragende Säule in dieser Gemeinde ist, grüßt manche der Hereinströmenden und lässt mich die Städte wissen, in denen sie vor ihrer Flucht aus Deutschland gelebt haben – Fürth, Bamberg, Heilbronn, Offenbach, Dortmund, Hannover ... Der *Temple* füllt sich bis auf den letzten Platz. Es gibt keine Frauengalerie. Männer und Frauen sitzen zusammen. Es kommen auch viele junge Menschen. Manche Frauen tragen eine Kopfbedeckung – aber nicht die Hüte und durchsichtigen Seidentücher, mit denen die orthodoxen verheirateten Frauen ihre Haare bedecken, sondern bunt bestickte, Fez-ähnliche Käppchen, die offensichtlich dieselbe Funktion haben wie die *Kippa* der neben ihnen sitzenden Männer. Eine derart gut besuchte Synagoge an einem ganz normalen Freitagabend habe ich in Deutschland noch nie erlebt. Ludi, der auch Artikel für die deutsch-jüdische Emigrantenzeitung *Aufbau* schreibt, lässt mich wissen, dass er ein begeisterter »Reformjude« sei. Für ihn könnten die Veränderungen der traditionellen Liturgie zugunsten einer modernen Auffassung des Judentums nicht weit genug gehen. Er begrüßt auch, wenn Konversionen erleichtert werden – wenn man sich gegenseitig nicht das Leben schwer mache und frage, ob man ein *halachischer* Jude sei, sondern nach einem inklusiven Prinzip den Menschen ein religiöses Zuhause ermögliche. Ludi zählt mir auf, wie viele im Raum übergetreten sind. Es sind auch Afroamerikaner dabei. »Kein Problem! Wer die jüdische Ethik praktiziert, ist bei uns willkommen.«

Der liturgische Teil des Gottesdienstes ist relativ kurz. Längere Passagen werden in Englisch gesprochen. »Du kannst ruhig mitmachen«, flüstert mir Ludi zu, der merkt, wie ich mich versteife und nicht mitsprechen kann. Ein Gottesdienst ohne die unverständliche hebräische Geräuschkulisse, bei der man selbst entscheiden kann, ob man »irgendwie« mit einsteigt oder nicht – ein Gottesdienst, in dem vielmehr jedes Wort verständlich ist und der von mir verlangt, es auszusprechen, überschreitet alle meine in Jahren entstandenen Grenzen. Selbst die Schabbatlieder, die ich kenne, kann ich plötzlich nicht mehr mitsingen. Mit verschlossenen Lippen sitze ich neben Ludi. Doch dann beginnt der Rabbiner Bernie Cohn die Predigt. Ludi hat mich vor Beginn des Gottesdienstes über meine verwandtschaftlichen Beziehungen aufgeklärt. Ich bin über ein paar Ecken mit Berni verwandt – und ich bin direkt verwandt mit seiner Frau, Miriam, die vorne in der ersten Reihe sitzt. Sie ist die Tochter des Rabbiners Hugo Hahn, des letzten liberalen Rabbiners von Essen und Mitbegründers von *Habonim* am 9. November 1939, dem ersten Jahrestag der »Kristallnacht«.

Bernie zieht für seine Predigt einen Artikel aus der Jacketttasche. Es ist ein politischer Kommentar aus der *New York Times*. Leider weiß ich heute nicht mehr, worum es in dem Zeitungsartikel geht. Ich erinnere mich aber noch sehr genau an meine Verblüffung. Ich habe zu diesem Zeitpunkt noch nie eine jüdische Predigt gehört, die mit einem aktuellen Zeitungsartikel zum politischen Geschehen beginnt und ihn auf den Tora-Abschnitt dieses Schabbats bezieht – eine Predigt, bei der sich die Hörer als Mitglieder der amerikanischen Gesellschaft verstehen und diese selbstredend aktiv mitgestalten wollen.

»*Hier komme ich her*«, denke ich unvermittelt. »*Dies ist die Tradition, in der auch ich stehe*« – die es aber in Deutschland nicht mehr gibt.

Ich bin ihr aber auch in Deutschland schon begegnet.

Bereits während meines Volontariates beim *Tagesspiegel* besuche ich erstmals die Jüdische Gemeinde in Ostberlin. Die DDR hat beschlossen, die Ruine der Neuen Synagoge in der Oranienburger Straße zu restaurieren und darin ein Museum einzurichten. Aus diesem Anlass interviewe ich den damaligen Ostberliner Gemeindevorsitzenden Peter Kirchner.

Heute ist die goldene Kuppel der Synagoge ein unabdingbarer Akzent im Berliner Panorama. Damals fehlt die Kuppel. 1987 ist das eindrucksvolle, im maurischen Stil erbaute Gebäude noch eine düstere Ruine, von der sich kaum vorstellen lässt, dass sie einmal als *Centrum Judaicum* zu einem Ort jüdischer Aktivität wiedererstehen würde.

Nach dem Interview mit Peter Kirchner fahre ich, neugierig geworden, an einem Freitag abermals über die Grenze. Ich will einen *Kabbalat Schabbat* in Ostberlin erleben.

Die Gottesdienste werden in der Synagoge Rykestraße, dem einstigen »Friedenstempel« im Bezirk Prenzlauer Berg, gehalten. Die Synagoge ist ähnlich wie die Synagoge Pestalozzistraße im Westteil 1938 nicht niedergebrannt, weil sie in einen Berliner Hinterhof hineingebaut ist: Die Gefahr war zu groß, dass die benachbarten Wohnhäuser Feuer fangen würden. Den prächtigen, in Dunkelheit gehüllten Hauptsaal der Synagoge werde ich an diesem Abend nicht sehen. Es haben 2000 Menschen dort Platz. Der Gottesdienst findet vielmehr in einem kleinen, hell erleuchteten Nebenraum, der gemütlichen »Tagessynagoge« statt, in die rund 50 Menschen passen. Ich komme etwas zu spät. Die Kontrollen an der Friedrichstraße dauern noch länger, als ich eingerechnet habe. Kaum trete ich ein, höre ich die bekannten Schabbatklänge. Vorne, am *Aron Hakodesch*, singt Kantor Oljean Ingster – jener Kantor, der seit Mitte der 60er Jahre dafür sorgt, dass in Ostberlin Schabbat um Schabbat ein jüdischer Gottesdienst stattfindet. Auf den Holzbänken sitzen die Männer auf der rechten Seite und die Frauen auf der linken. Auf beiden Seiten sind alle Plätze besetzt – bis auf einen, in der ersten Reihe auf der Frauenseite, direkt vor der *Bima*.

Die Anwesenden scheinen konzentriert zu beten und genau zu wissen, was der Kantor vorne in Hebräisch vorträgt. Ich kann meinen Augen nicht trauen: War nicht das jüdische Leben in der DDR im Aussterben begriffen? Peter Kirchner hat mir gesagt, dass die Jüdische Gemeinde in Ostberlin gerade einmal 180 Mitglieder zähle, wovon die übergroße Mehrheit über 60 Jahre alt sei. Doch von einer solchen vollen Synagoge am Schabbat können die Westberliner Synagogen nur träumen! Was mir jedoch merkwürdig erscheint, ist die – wie ich es wahrnehme – protestantisch-konzentrierte Atmosphäre, die nur vom *Nussach* des Kantors gebrochen wird. Dieser überbietet allerdings alles, was ich je an traditioneller *aschkenasischer* Aussprache des Hebräischen gehört habe.

Neben mir sitzt eine junge Frau, ungefähr in meinem Alter. Zwar folgt auch sie den Gebeten in ihrem *Sidur*, wirkt jedoch weniger demonstrativ am Gottesdienst beteiligt. Ich habe meinen *Sidur* aus Vorsicht, da er mir bei den Grenzkontrollen an der U-Bahn-Station Friedrichstraße abgenommen werden könnte, nicht mitgebracht. Ich weiß, dass ich mich in einer anderen Welt befinde – im kommunistischen Ostberlin. Ich kenne die hiesigen Umgangsformen nicht. Ich weiß nicht, ob ich eine Gleichaltrige duzen oder siezen soll. Jedenfalls fasse ich mir ein Herz und frage meine Nachbarin leise, ob ich bei ihr mit reinschauen könne.

Es ist Lara Dämmig.

Ich würde sie nach diesem Gottesdienst erst einmal eine längere Zeit nicht wiedersehen – aber wir würden zehn Jahre später zusammen *Bet Debora* gründen.

Auf meine Frage reagiert sie eher kühl. Irgendwann würde sie mir ihre Abwehr erläutern. Teilweise klärt sich diese jedoch noch am selben Abend für mich auf.

Auf der Männerseite, in der ersten Reihe, bemerke ich schon während des Gottesdienstes einen Mann mittleren Alters, der fast ein wenig unruhig, wenn nicht gar ungeduldig immer wieder zu mir herüberschaut. Kaum hat der Kantor allen ein »*Gut Schabbes*« gewünscht und damit das Ende des Gottesdienstes besiegelt, springt der Mann auf und kommt auf mich zu: »Bist du jüdisch? – Dann kommst du gerade richtig!« Es findet gleich ein *Oneg Schabbat* im Gemeindehaus statt. Dort trifft sich die jüngere Generation. Ich könne mit ihm dorthin mitfahren. Der Mann heißt Heinz Rothholz und ist für die Jugendarbeit der Ostberliner Gemeinde zuständig. Später wird er dem Vorstand der vereinigten Jüdischen Gemeinde zu Berlin angehören.

Das Gemeindehaus befindet sich im Nachbargebäude zur Ruine der Neuen Synagoge. Im »Gesellschaftsraum« herrscht emsiges Treiben. Frauen, die ich teilweise schon in der Synagoge gesehen habe, bereiten Essen vor und decken Tische. Männer holen Stühle und rücken sie zurecht. Heinz Rothholz hat *Challa* mitgebracht – »Barches«, wie er sie auf Berlinerisch nennt – sowie bulgarischen Rotwein. Er bringt alles in die Küche und kommt mit zwei Kerzenleuchtern zurück. Diese stellt er auf einen Tisch. Dann sieht er mich an: »Du kannst jetzt die *Bracha* sagen.« Ich weiche einen Schritt zurück. Religiöse Rituale in der Öffentlichkeit auszuüben, auch wenn es nur der winzige Segen über die Kerzen ist, den die jüdischen Frauen traditionell zu Beginn des Schabbat sagen, überfordert mich immer noch. »Kann das nicht eine der vielen anderen Frauen hier machen?«, frage ich. Heinz Rothholz verneint. »Du bist das einzige jüdische Mädchen hier.« Auf meine Frage, wer die anderen Frauen seien, erwidert er: »Das sind alles Christinnen, die sich für das Judentum interessieren.« Im Gottesdienst sei heute wahrscheinlich nicht einmal ein *Minjan* gewesen.

Jetzt verstehe ich die protestantische Atmosphäre.

Teilweise, aber nicht in diesem Ausmaß ist mir die mitunter distanzlose Begeisterung vieler Christen für das Judentum schon im Westen aufgefallen. Lara Dämmig würde mir später erklären, dass damals zusätzlich zu den vielen christlichen Zaungästen noch zahlreiche Journalisten aus dem Westen anwesend waren. Sie schreiben anschließend Reportagen über das jüdische Leben in der DDR und geben den wenigen Juden schnell das Gefühl, zu einer besonderen Spezies zu gehören, die man wie im Zoo ungeniert beobachten könne. Daher ihre Abwehr, als ich sie frage, ob ich in ihren *Sidur* mit hineinsehen darf.

Der Abend wird trotzdem zu einem jüdischen Erlebnis. Nach und nach treten andere Menschen in den Gesellschaftsraum ein. An der Wand hängt eine Ankündigung für diesen *Oneg Schabbat*. Doch die Leute kommen zum Teil viel später als zur auf der Ankündigung angegebenen Uhrzeit. So kenne ich es auch von den Juden im Westen. Niemand von den Hereintretenden ist im Gottesdienst gewesen. Sie sind um die 40 Jahre alt. Wie ich ihren Gesprächen entnehme, sind unter ihnen Liedermacher, Musiker, mehrere Schriftsteller, Publizisten, Philosophen, Juristen, Historiker und ein Fotograf. Es ist die von Irene Runge gegründete Gruppe »Wir für uns«, die sich an diesem Abend in der Gemeinde trifft. Und wie ich im weiteren Verlauf des Abends erfahren werde, sind es die Kinder von jüdischen Kommunisten – deutschen Juden also –, die sich nach dem Krieg bewusst dafür entschieden haben, den Sozialismus in der DDR mit aufzubauen. Fast niemand hier ist Mitglied der Gemeinde. Doch allen ist es wichtig, ihrer jüdischen Herkunft wieder mehr Bedeutung zu verleihen.

Kantor Oljean Ingster wird an diesem Abend dem Publikum vorgestellt. Heinz Rothholz macht die Einführung: »Mit vier beherrschte er die hebräische Sprache! Mit fünf begann er mit dem Torastudium!« Ingster reagiert ungehalten: »Das ist doch uninteressant. Das war damals so üblich. Reden wir lieber über etwas, was diese Leute hier interessiert.« Er fordert das Publikum auf, Fragen zu stellen. Ein Mann bittet Ingster zu erzählen, wie er den Faschismus, die Zeit in Auschwitz und den Todesmarsch überlebt habe. Die Frage berührt mich, aber zugleich enttäuscht mich, dass sich das Publikum ausschließlich für die NS-Zeit interessiert – wenngleich dies verständlich ist, hat doch die DDR den Mord an den Juden verschwiegen und in ihrem Geschichtsbild nur die Verfolgung des antifaschistischen Widerstandes gelten lassen. Entsprechend herrscht unter den

Ostberliner Juden ein großer emotionaler Nachholbedarf, die *Schoa* ins Bewusstsein zurückzuholen. Ingster wird an diesem Abend jedoch nicht gefragt, was ihm die jüdische Tradition bedeutet, welchen Halt sie ihm auch noch nach Auschwitz gibt, warum er jahrzehntelang in einem sozialistischen Staat Gottesdienste hält – und was er damit den anderen weitergibt.

Nicht lange vorher hat der Staatsrat der DDR beschlossen, die Beziehung zu den Juden zu verbessern. Dies dient einer abstrusen Strategie mit antisemitischem Einschlag. Eigentlich will der Staatsrat Kontakte zur jüdischen Lobby in den USA. Davon verspricht er sich einen Zugang zum Weißen Haus, was den sich abzeichnenden wirtschaftlichen Zusammenbruch des SED-Staates abwenden soll. Im Rahmen dieser Strategie wird die Restaurierung der Neuen Synagoge beschlossen, wird Heinz Galinski, der inzwischen Vorsitzender des *Zentralrates der Juden in Deutschland* ist, zu einem Treffen mit Erich Honecker nach Ostberlin eingeladen und erhält 1988 der Präsident des *World Jewish Congress*, Edgar Bronfman, den Orden »Großer Stern der Völkerfreundschaft«. Untermalt wird diese Strategie mit der Stärkung des jüdischen Lebens in der DDR, das plötzlich nicht nur sichtbar sein darf, sondern geradezu sichtbar sein *soll*.

Es wird vom SED-Regime die Verantwortung der Deutschen für den Holocaust anerkannt – eine große Ausstellung über jüdische Geschichte im Ostberliner Ephraim-Palais veranstaltet, eine Publikation zum 50. Jahrestag des Novemberpogroms von 1938 zugelassen – und schließlich versucht, Beziehungen zu Israel aufzunehmen. Führende Repräsentanten des *World Jewish Congress* gehen dieser Strategie auf den Leim.

Auch ich fahre mehrfach nach Ostberlin, fasziniert von den dortigen jüdischen Aktivitäten. Die Gemeinde zählt in der Tat nur 180 Mitglieder, aber de facto leben in Ostberlin zwei- bis dreitausend Juden. Zwar sind die Mitglieder der Gruppe »Wir für uns« Sozialisten, zwar beherrschen sie alle in mehr oder minder starkem Maße die DDR-Rhetorik und zwar drehen sich viele ihrer Gespräche um ein Thema, das ich nicht kenne – warum dieser in »die Partei« eingetreten sei oder warum jener aus »der Partei« ausgeschlossen wurde oder was ein anderer beim letzten Treffen »der Partei« gesagt habe. Aber das steigert zunächst nur meine Faszination. Anders als die Mitglieder von *Habonim*, aber doch mit einer ähnlichen Intensität sind alle irgendwie in der Gesellschaft engagiert – als Sozialisten freilich, aber auch als Juden. Mit ihrer jüdischen Herkunft verbinden sie einen gesellschaftspolitischen Anspruch.

Viele von ihnen sind in der Emigration geboren, in den USA, in England oder in der Sowjetunion. So wie sich in den morbiden Häusern und Gebäuden Ostberlins durch systematische Vernachlässigung ein authentischer Hauch der Zeit, in der sie entstanden sind, konserviert hat, so spricht aus den Ostberliner Juden, die ich kennenlerne, noch etwas vom Geist der deutschen Juden vor der *Schoa*. Sie kennen die Bedingungen nicht, in denen sich das Nachkriegsjudentum der Bundesrepublik herausbildet – sie kennen nicht die Mischung von »Deutschen« und »DPs« aus Osteuropa, die jährlich *Jom Ha'azma'ut* feiern und sich mit der deutschen Gesellschaft nicht identifizieren. In vielen meiner Ostberliner Bekannten begegnet mir sogar das Selbstbewusstsein, zu den Siegern der Geschichte zu gehören und den Sozialismus mit verwirklicht zu haben. Die meisten haben intellektuelle Eltern. Fast alle sind antireligiös und lehnen die Vorstellung ab, in die Jüdische Gemeinde einzutreten. Von einigen erfahre ich jedoch, unter welchem politischen Druck die Eltern – als aktive Kommunisten – in den 50er Jahren genötigt worden sind, aus der Gemeinde auszutreten. Trotz antizionistischer Rhetorik träumen manche davon, einmal nach Israel zu reisen. Viele berichten mir, auf dieselbe Schule in Pankow gegangen zu sein. Man kennt sich – weiß voneinander, dass man jüdisch ist, aber man spricht nicht darüber. Man liest die Werke von Stefan Heym und Christa Wolf, man nimmt wahr, dass im Politbüro Albert Norden und Hermann Axen Juden sind, aber man würde weder sie noch sich selbst öffentlich als »Jude« bezeichnen. Zum Teil hat man das Wort verdrängt, zum Teil für überwunden geglaubt. Aber jetzt will man es endlich wieder aussprechen können.

Im November 1988 veranstalten anlässlich des 50. Jahrestages des Novemberpogroms »Wir für uns« und die »Jüdische Gruppe« einen gemeinsamen Kongress im Ostberliner »Klub der Kulturschaffenden«. Es ist das erste offizielle Treffen von Ost- und Westberliner Juden. So sehr mich die Begegnungen auf diesem Kongress auch bewegen, sind meine Erinnerungen doch getrübt von Momenten, in denen ich jäh aufwache. Es ist nicht nur die sozialistische Rhetorik in den wiederkehrenden Seitenhieben gegen die »BRD«, die mir aufstößt. Nach dem Fall der Mauer werden mehrere Kongressteilnehmer als IM der Stasi enttarnt. Das Ausmaß der Bespitzelung kann ich damals nicht ermessen – aber die beklemmende Präsenz des Überwachungsstaates ist bei diesem Kongress auch für mich spürbar, etwa wenn ich feststelle, dass ein vermeintlicher Freund etwas von mir weiß, was eigentlich keiner dort wissen kann. Dennoch führen die Begegnungen zu der für mich wichtigen Frage, wie sehr das, was man geworden ist, davon abhängt, wo man lebt. Wäre ich in New York aufgewachsen, wäre ich wahrscheinlich eine moderne, *Kippa* tragende Jüdin in der *Congregation Habonim*. Wäre ich in Ostberlin aufgewachsen, hätte ich vielleicht als sozialistische Jüdin zum Kreis von »Wir für uns« gehört und in derselben Rhetorik gesprochen wie diese Menschen.

Das Westberliner feministische Frauen- und Lesbencafé Begine lädt mich und meine Freundin Maya Oschitzki zu einem Vortrag über »Jüdische Frauen heute« ein. Es ist das erste Mal, dass ich als »öffentliche Jüdin« auftrete.

Maya und ich haben im Vorfeld Statements vorbereitet. Mir liegt viel daran, die Diskussion gar nicht erst in eine Bahn geraten zu lassen, in der wir als »doppelt unterdrückt« bedauert werden – zum einen durch den Antisemitismus der Deutschen, zum anderen durch das Patriarchat der jüdischen Männer. Deshalb halte ich einen Minivortrag über die Rechte der Frauen in der jüdischen Tradition. Ich gestalte ihn entlang der Frage, warum Frauen im Zeitalter der Emanzipation und Gleichberechtigung Gründe haben, an der jüdischen Religion festzuhalten. Abgesehen von charakterstarken Heldinnen in der Bibel wie Debora, Hulda oder Esther behandle ich anhand einiger Beispiele die Stellung der Frau im talmudischen Recht und komme dabei auch auf die weibliche Sexualität zu sprechen. Hierin verberge sich, wie ich erläutere, eine der stärksten kulturgesellschaftlichen Herausforderungen. Sie provoziere jede Gesellschaft von neuem. Tatsächlich hat die Frau nach den talmudischen Vorschriften einen Anspruch auf ihr Sexualleben, freilich nur im Rahmen der Ehe – was aber nicht heiße, dass sich die talmudischen Auffassungen von Eros und weiblicher Sinnlichkeit nicht genauso in unserer freieren Situation entfalten könnten. In jedem Fall unterscheiden sich die talmudischen Auffassungen sehr von den Keuschheitsgeboten z.B. im Christentum. Der jüdische Mann ist verpflichtet, die Bedürfnisse seiner Frau zu befriedigen. Der Talmud scheut sich nicht, hierfür genaue Kriterien anzugeben. Je nach Berufsgruppe ist dem Mann aufgetragen, wie häufig mindestens er seine »eheliche Pflicht« zu erfüllen habe. Frauen haben ein Recht darauf, ihre Sehnsüchte zu artikulieren, ja selbst ein Recht auf den Orgasmus. Frauen, die beim Sex die Initiative ergreifen, lobt der Talmud: »Sie werden Kinder haben, wie es sie noch nicht gab, selbst in der Generation von Moses nicht!« *(Eruwin 100b)*.

Im Prinzip – so führe ich aus – habe schon das antike Judentum die Gender-Debatte vorweggenommen: Der Talmud etwa hinterfrage, ob Männer »von Natur aus« aktiv und aggressiv seien und Frauen passiv und harmoniebedürftig. Die in der Tora verlangte Beschneidung der jüdischen Jungen soll die »Beschneidung der Herzen« vorwegnehmen – männlicher Habgier und Großmannssucht eine Grenze setzen. Die Beschneidung markiert die Aufnahme in den »Bund Gottes« und symbolisiert zugleich eine Absage an Machotugenden wie Potenzgehabe und Eroberungsgelüste. Die Rabbiner sehen das jüdische Volk als die »Geliebte« Gottes – also als eine Frau. Sie ist der weibliche Part der Liebenden im *Hohelied*. Wenn der jüdische Mann morgens die *Tefilin* um Arm und Kopf legt, spricht er: »Und ich verlobe mich dir [Gott] in Ewigkeit.«

Seit Jahrhunderten verhöhnen die Feinde der Juden die »Weibischkeit« jüdischer Männer. Es beunruhigt sie das aktive »Weibliche« des jüdischen Geistes, das unter anderem auch einem anders erfahrenen Verhältnis zur weiblichen Körperlichkeit entspringt. Sie meinen, dass die Organisation der Macht vor allem eine »männliche« Fähigkeit sei und empfinden den jüdischen Geist als »zersetzend« – als einen Angriff auf hierarchische Strukturen, die allen Mitgliedern der Gesellschaft ihren Platz zuweisen. Der Sexualtrieb ist verbunden mit dem Machttrieb. Da das Judentum weibliche Sexualität als eine spirituelle Richtschnur zulässt, fühlt jeder, der Macht und Herrschaft ausschließlich mit Männlichkeit verbindet, in der jüdischen Geisteshaltung sein Weltbild intuitiv bedroht.

Das Wirken des Weiblichen im Judentum ist Ausdruck einer grundsätzlich emanzipatorischen Tendenz. So wie Gott die Israeliten aus der Knechtschaft herausgeführt hat, so wie sich in der Hebräischen Bibel das kleine davidische Reich zwischen den Großmächten Ägyptens und Mesopotamiens behauptet, so wie der Talmud Grundlagen bietet, sich als Minderheit in Mehrheitsgesellschaften zu behaupten – genauso wirkt das Elixier des emanzipierenden Gottes auch in die heutige Zeit hinein.

Wenn die Gleichberechtigung der Frau nur darin besteht, dass Männer den Frauen Rechte zugestehen, bleibt dies meiner Meinung nach eine zu schwache Grundlage. Die erteilten Rechte können schließlich – sollten sich die politischen Machtverhältnisse ändern – auch wieder genommen werden. Anders ist es, wenn der Motor aller emanzipativen Entwicklung nicht allein im Menschen liegt, sondern als eine ewige Herausforderung Gottes in die Lebensgeschichten der Menschen hineinwirkt und sie darauf verpflichtet. Judentum ist eine Religion, die zu Emanzipation und Stärke befähigt – also auch die Frauen. Dass weiblicher Eros eine aktive Rolle darin spielt, unterstreicht nur die jüdische Dynamik. Aus dieser Umwertung der kulturellen Normen von »männlich« und »weiblich«, die schon in der Hebräischen Bibel verankert liegt und die die Rabbiner im Talmud fortführen, schöpfe ich meinen Feminismus. Nicht aber aus einer begrenzten feministischen Sichtweise, die Judentum, Christentum und Islam als gleichermaßen »patriarchalisch« auf den Müllhaufen wirft. Genauso sehe ich in dieser Umwertung einen der Schlüssel, das Judentum anhand gegenwärtiger Debatten, etwa der Genderdiskussion und des Feminismus, erneuernd zu beleben.

Das Publikum in der Begine reagiert auf meine Ausführungen erwartungsgemäß verblüfft. Es ist das erste Mal, dass ich öffentlich aus der Religion heraus argumentiere, aber nicht im Religiösen bleibe, sondern auf dessen gesellschaftliche Dimension verweise. Es ist eindeutig nicht die Standardhaltung der Rabbiner und schon gar nicht etwas, was ich im jüdischen Religionsunterricht gelernt habe.

Im Publikum sitzen zwei Frauen aus der »Jüdischen Gruppe«. Ihre Mimik und Gestik signalisiert mir, dass sie meinen Ausführungen nicht zustimmen. Die eine ist Israelin. Mehrfach fällt sie mir ins Wort und korrigiert meine Aussprache von hebräischen Wörtern oder gibt ihnen, vom modernen *Iwrit* ausgehend, eine etwas andere Bedeutung. Mich verunsichert die Leichtigkeit, mit der sie das Hebräische für sich reklamiert, ohne scheinbar die Nuancen des biblischen Hebräisch kennen zu müssen – während ich mir mühsam Schabbat um Schabbat biblisches Hebräisch aneigne, aber noch immer keinen Text ohne Wörterbuch lesen kann. Sie hält nichts von meiner aus der Bibel und dem Talmud abgeleiteten Argumentation. Nach meinem Vortrag steht sie auf und erklärt mit umwerfender Selbstsicherheit dem Publikum, dass sie als Israelin eine selbstbewusste Jüdin sei. Sie sei im Militär gewesen, habe ihr Land verteidigt und brauche keine Gedankenverdrehungen zum Talmud, der ohnehin das Werk des Exils, der *Gola*, sei.

Von der anderer Frau weiß ich, dass sie in einer religiösen Familie aufgewachsen ist. Sie hat die gelebte religiöse Praxis jedoch hinter sich gelassen. Trotzdem kann sie mehr als alle anderen im Raum meine Ausführungen beurteilen. Sie sagt nichts während des Vortrags, macht jedoch eine verschlossene Miene. Ich frage sie später, wie sie den Abend gefunden hat. – »Unmöglich!« Ich hätte die Bibel und den Talmud willkürlich ausgelegt, ohne eine Ahnung davon zu haben, was die rabbinischen Autoritäten hierzu sagen. Es sei außerdem gefährlich, vor einem gänzlich unvorgebildeten Publikum derart frei und locker über Dinge zu sprechen, die leicht missverstanden werden. Nach ihrer Ansicht hätte ich mich besser zum Antijudaismus in der feministisch-christlichen Theologie geäußert, über den zu diesem Zeitpunkt eine erregte Debatte geführt wird.

Auch diese Reaktion verunsichert mich. Die Frau hat die jüdische Tradition von Kind an gelebt, auch wenn sie sie heute nicht mehr praktiziert. Die Quellen, die ich zitiert habe, sind ihr, wie ich annehme, bekannt. Was berechtigt mich, frei mit ihnen umzugehen, während eine, die den traditionellen Umgang mit ihnen kennt, ganz vorsichtig mit ihnen umgeht? Was berechtigt mich, unabhängig von Rabbinern und gelehrten Autoritäten die Quellen nach meinen Interessen und Vorlieben zu lesen und dabei neue Perspektiven aufzuzeigen? Ist das, was ich treibe, nicht etwas, was zu Ende gedacht die althergebrachte jüdische Tradition angreift und zerstört?

Bei der Diskussion in der Begine will eine nichtjüdische Frau wissen, ob sich die jüdischen Männer auch heute noch nach dem talmudischen Ideal verhalten. Maya antwortet, dass die heutigen jüdischen Männer leider eher konservativ seien und meist ganz konventionelle Vorstellungen von Frauen hätten. Dies löst allgemeine Erheiterung aus.

Mayas Antwort macht mich jedoch nachdenklich. Wir repräsentieren beide unterschiedliche Typen. Maya würde bald ihren Freund heiraten und zumindest vordergründig eine konventionelle jüdische Ehe führen. Ich mache von vornherein zwar nicht den Eindruck, diesen Weg zu gehen, doch ich lehne ihn auch nicht ab. Aber ich ahne, dass ich bereits einen anderen Weg gehe, den zu formulieren es Mut bedarf, zumal ich keine Anleitungen für ihn habe. Aber wo könnte ich meinem autodidaktischen Studium jemals einen konkreten Platz im Leben geben? Wer würde meine Herangehensweise mit mir teilen? Nach den traditionellen religiösen Vorstellungen müsste ich mich im orthodoxen Sinne an die jüdischen Gesetze binden – das heißt für mich als Frau: einen jüdischen Mann heiraten und eine jüdische Ehe führen. Ich müsste den Schabbat und sein absolutes Arbeitsverbot halten – also nicht mehr biblische Kommentare ausgerechnet an diesem Tag schreiben –, ich müsste einen *koscheren* Haushalt führen, vielleicht sogar die Reinheitsgesetze der Frau beachten und vor allem Kinder im Geist der jüdischen Tradition großziehen. Die Alternative hierzu wäre das »säkulare« Judentum, das die beiden jüdischen Frauen im Publikum der Begine verkörpern. Es praktiziert die Religion zwar nicht, aber es respektiert sie und würde sie niemals antasten. Wo hätte mein unkonventioneller Zugang zum *Tanach* und mittlerweile auch zum *Talmud* überhaupt einen Platz?

»Sie schwimmen noch«, meint Rabbiner Julius Carlebach als einzige Bemerkung zu meinem Artikel, dem die *Allgemeine Jüdische Wochenzeitung* eine ganze Seite eingeräumt hat. Es ist ein Debattenbeitrag, der sich an meine Generation wendet. Wir müssen – so meine Grundaussage – wieder die Inhalte der jüdischen Lehren lernen. Uns allein an Israel auszurichten oder uns über den Antisemitismus zu empören sei oftmals nur ein Ersatz, wenn positive Inhalte fehlten. Ich gebe auch ein paar talmudische Beispiele, wie spannend rabbinische Diskussionen im Lichte gegenwärtiger Fragen sein können.

Ich habe lange an diesem Artikel gearbeitet, halte ihn für mutig und bin deshalb stolz auf ihn. Von Rabbiner Carlebach, dem Rektor der Hochschule für jüdische Studien in Heidelberg, erhoffe ich mir einen unterstützenden Ratschlag. Doch seiner ausweichenden Bemerkung entnehme ich, dass mein freimütiger Zugang zu den heiligen Schriften nicht in seine orthodoxe Auffassung von Judentum passt.

Die Studienwoche in Heidelberg im Sommer 1989 bietet einen Einblick in die verschiedenen Gebiete der Judaistik. Ich bin mitnichten die Einzige, die längst den Weg der Erneuerung jüdischen Lebens in Deutschland beschreitet. Es sind junge Menschen aus verschiedenen jüdischen Gemeinden in Deutschland gekommen, die ich in den folgenden Jahren wiedersehen werde – unter anderem Lara Dämmig, die als einzige Teilnehmerin aus der DDR eingeladen ist. Die Woche ist vollgepackt mit interessanten Vorträgen, unter anderem von Carlebach selbst. Er setzt sich mit der Emanzipation der Frau auseinander und referiert über verschiedene Frauen, die in der orthodoxen Tradition gestanden und dabei Bedeutendes geleistet haben. Durch Carlebach lerne ich die »Weiber-Bibel« kennen – das *Ze'ena u-Re'ena*, eine im 17. Jahrhundert von Jakob ben Isaac aus Janow verfasste Übersetzung des Pentateuchs ins Jiddische mit rabbinischen Kommentaren. Sie wird für mehrere Generationen von jüdischen Frauen zum Bestseller.

Beim Schabbatessen der Gruppe stimmt Carlebach *Smirot* an. Manche singen mit, viele sind jedoch zu unsicher – über allem klingt Carlebachs antreibende Stimme. Ohne ihn würden die meisten sofort verstummen.

Auch er kommt mir plötzlich schrecklich allein vor.

Mit wem kann er seine Orthodoxie in Deutschland teilen? Wer singt mit ihm? Können »wir« überhaupt seine Schüler sein? Und kann er uns ein Lehrer sein – nicht nur einer, der Wissen vermittelt, nicht nur einer, der als einer von ganz wenigen Einzelnen das Gehäuse der Orthodoxie in Deutschland repräsentiert? Sondern einer, der als Rabbiner das vorlebt, was wir selbst auch fortsetzen würden – der uns eine Inspiration gibt, die wir wiederum der nächsten Generation übermitteln würden?!

»Wir sind eine Generation ohne Lehrer«, würde ich später oft sagen. Von Ausnahmen abgesehen verbindet kein gemeinsamer Strang die möglichen Lehrer mit den potentiellen Schülern.

Erst vor kurzem hat Maya verschiedene Freunde zu einem Besuch beim emeritierten Berliner Rabbiner Manfred Lubliner eingeladen. Auch sie meint, dass wir uns verstärkt den Quellen zuwenden müssen. Aus dem erhofften »Lernen mit einem Rabbiner« wird jedoch eine Predigt »von oben« über die allgemeinen Werte des Judentums – Freiheit, Ethik, Achtung vor dem Fremden. Das Treffen verläuft im Nichts, es findet nur ein Mal statt. Möglicherweise liegt es am Selbstverständnis des Rabbiners, der zwar die richtigen Werte anspricht, aber zu keiner kontroversen Diskussion ermuntert, die eigene Erkenntnismomente erlaubt oder gar zu neuen Lebenseinstellungen anstößt.

Während der Studienwoche in Heidelberg wird mir einer der Gründe bewusst, warum meine Generation so lange vom jüdischen Wissen abgeschnitten bleibt und es zunächst auch nicht anwenden kann. Es liegt an der ambivalenten Haltung, durch die unsere möglichen Lehrer selbst befangen sind. In ihr schwingt stets mit, dass es im deutschen Kontext kein jüdisches Leben mehr geben kann. Beim Schabbat-Essen redet Carlebach, der einer renommierten Hamburger Rabbinerfamilie entstammt und in der NS-Zeit nach England emigriert ist, über seine Zweifel, ob man im Land der *Schoa* überhaupt noch jüdische Studien betreiben könne. Es gehe nicht nur um die zwölf Jahre des NS-Regimes. So viele namhafte deutsche Dichter und Denker, die das geistige Umfeld bis in die heutige Zeit prägen, seien Antisemiten gewesen und damit Wegbereiter der *Schoa* – Fichte, Hegel, Schopenhauer …

Carlebachs Einstellung ist mir bekannt. Ich denke selbst so – bin fixiert auf den antijüdischen Aspekt deutscher Geistesgeschichte und mache ihn zum Gegenpol jüdischer Geistesgeschichte. Beide Pole sind für mich unvereinbar.

Doch in diesem Augenblick widerspricht Peter Jaffé, ein Deutsch- und Geschichtslehrer, den ich noch aus Hamburg kenne. Er bringt einen Einwand, der mich lange beschäftigen wird. Es habe keinen Sinn, die ganze deutsche Geschichte allein aus dem Kristallisationspunkt des NS-Regimes heraus zu bewerten. Dass die genannten Philosophen Antisemiten gewesen seien, stehe außer Zweifel. Ob ihr Denken zwangsläufig zur *Schoa* führen musste, sei jedoch fraglich. Viele Juden, die nach Assimilierung gestrebt haben, hätten ähnlich wie diese Philosophen gedacht. Heute gilt die Haltung der damaligen deutschen Juden als verwerflich. Ihnen jedoch vorzuwerfen, sie hätten die *Schoa* mit vorbereitet, sei zynisch. Sie hätten nicht wissen können, was 200 Jahre später geschieht. Ein deterministisches Geschichtsbild wie das von Carlebach – so gibt Peter zu bedenken – verstelle nicht nur den Blick für die vielfältigen Möglichkeiten, die jeder historischen Situation innewohnen, von der niemand mit letzter Klarheit voraussehen kann, wie sie sich entwickeln wird – schlimmer noch: Es schafft Agonie in der Gegenwart und verstellt den Blick für die möglichen Wege, die man heute gehen kann.

Drei Monate lang lerne ich Hebräisch im *Ulpan* der Tel Aviver Universität – zusammen mit verwöhnten, vorlauten amerikanischen Highschool-Absolventen, die von ihren Eltern eine Israelreise geschenkt bekommen haben. Ich komme mit dem Gefühl ins Land, eine Entscheidung treffen zu müssen. In meinem Hinterkopf gibt es seit der Zeit im Düsseldorfer Jugendzentrum die nie zu Ende gedachte Vorstellung, selbst einmal *Alija* zu machen.

Doch etwas ist mit mir in der Zwischenzeit passiert.

Die israelische Mentalität, die mit jedem Atemzug bedeutet, das »Joch des Exils« abgeworfen zu haben, ist mir nicht neu. Meine Onkel und Tanten sind stolze Israelis, meine Cousins und Cousinen selbstbewusste *Sabras*. Erstmals stört es mich jedoch, dass mein Leben in Deutschland in den Gesprächen mit Israelis keinerlei Bedeutung findet. Zwar werde ich inzwischen nicht mehr so oft gefragt, wie ich als Jüdin überhaupt noch in Deutschland leben könne. Aber doch durchzieht so gut wie alle Gespräche eine ideologische Abwertung der *Gola*. Erstmals verletzen mich die Witze über die *Jekkes*, die deutschen Juden, von denen ich schon Hunderte im Leben gehört und früher selbst gern darüber gelacht habe. Nicht dass es an meinem Leben in Berlin etwas zu idealisieren gäbe. Seine jüdischen Aspekte sind jedoch selbst in ihrer Widersprüchlichkeit so viel facettenreicher und anregender als die geisttötende Selbstgewissheit vieler Israelis, mit der sie meinen, auf die Länder, die sie hinter sich gelassen haben, nicht mehr zurückblicken zu brauchen. Ohnehin beanspruchen die fortwährenden Meldungen über arabische Feindseligkeiten, vor allem die Intifada in den besetzten Gebieten, die Steine werfenden palästinensischen Jugendlichen und die täglichen Attentatsdrohungen, alle Aufmerksamkeit.

Bei der Bekannten, bei der ich wohne, erkundige ich mich nach einer modernen *Jeschiwa*, wo ich auch als Frau Tora und Talmud lernen könnte. Zum ersten Mal bezeichne ich mich als »religiös«: *Ani datija.* Sie lacht mich aus. Ich sei doch nicht »religiös«! Religiös – *dati* – sind nur die orthodoxen Juden. Tatsächlich gibt es im modernen Hebräisch kein Wort, das meine Religiosität ausdrücken könnte.

Die Feiertage – *Rosch Haschana* und *Jom Kippur* – verbringe ich in Jerusalem. Dort habe ich mich an der *Kotel* von »Religiösen« ansprechen lassen, die junge Menschen in eine *Jeschiwa* einladen. Es ist *Aish HaTorah*, eine Einrichtung, die mit speziellen *Outreach*-Programmen »säkulare« Juden zum orthodoxen Judentum zurückführen will. Sie ist Vorposten einer Entwicklung, die heute immer größere jüdische Kreise erfasst und die israelische Gesellschaft zu unterwandern droht. Mehrere Wochen wohne ich gratis in dieser *Jeschiwa*, akzeptiere dabei die strikte Geschlechtertrennung und ein Weltbild, das jeder gebotenen Handlung einen tieferen spirituellen Sinn verleiht. Darin versinkt die nichtjüdische Außenwelt sowie jegliches weltliche Judentum in immer tiefere Unerheblichkeit. Die meisten, die in dieser *Jeschiwa* lernen, sind Amerikaner, die zuvor areligiös und politisch eher liberal, wenn nicht gar links eingestellt gewesen sind. Ihr bisheriges Leben erscheint ihnen plötzlich wertlos. Ich werde Zeugin, wie mehrere der neu Angeworbenen in existentielle spirituelle Krisen abgleiten, um dann allein noch Halt im orthodoxen Judentum zu finden zu meinen.

Aber auch bei mir wirkt das »Brainwashing« vorübergehend. Drei Monate bin ich in Tel Aviv gewesen, ohne dort wirklichen Anschluss gefunden zu haben. Diese *Jeschiwa* bietet mir plötzlich einen religiösen Ort, an dem ich willkommen bin. Anfangs stoßen mir die rechtsnationalen Maximen, die die Lehrer ganz selbstverständlich äußern, noch auf. Danach habe Gott den Juden das biblische Israel für alle Zeiten zum Besitz gegeben. Anfangs nehme ich auch den Ernst, mit dem die *Halacha* nicht nur praktiziert, sondern bis ins kleinste Detail erörtert wird, respektvoll als Merkmal dieser Einrichtung zur Kenntnis, ohne dies noch auf meine eigene Lebensrealität zu beziehen. Anfangs missfällt mir auch das Formular, das man ausfüllen muss und darin angeben soll, ob die Mutter Jüdin sei und der Vater Jude.

Doch schon nach einigen Tagen reißt auch mein Faden zur Außenwelt ab. Für eine wenngleich nur kurze Zeit erfahre ich an mir selbst, wie es funktioniert, wenn sich alle bisherigen Bezüge auflösen und ein hermetisches Weltbild zu greifen beginnt. Ich frage mich tatsächlich, ob ich orthodox werden sollte. Mehrere Jahre habe ich nun im Selbststudium die Hebräische Bibel gelernt, ohne – wie mir jetzt scheint – ihre Lehren in eine gelebte Realität mit anderen Juden integrieren zu können. Ist nicht vielleicht die einzige Antwort, mich einer orthodoxen Gemeinschaft anzuschließen – in der zwar nicht auf meine Weise, aber doch auf eine Weise, nicht erneuernd, aber immerhin seit Jahrhunderten wie gehabt die jüdische Religion Gültigkeit besitzt? Ist nicht das Leben nach den gesetzestreuen Vorstellungen das Einzige, was am Ende bleibt?

Was mich in der Welt hält, ist mein täglicher Weg zur Westmauer – der *Kotel*. Jeden Tag zwischen den *Jamim Nora'im* gehe dorthin, stelle mich auf der Frauenseite zwischen die betenden und weinenden Frauen. Ich habe selbst angefangen, bewusst zu beten. Aber es ist ein anderes Gebet als die Gebete, die in den täglichen Gottesdiensten der *Jeschiwa* gesprochen werden. Es ist eigentlich nur eine Frage:

In welche Richtung soll ich mein Leben wenden?

Mehrere Tage brennt in mir – jedes Mal, wenn ich mit dieser Frage an der *Kotel* stehe – ein durch meinen Aufenthalt in der *Jeschiwa* begünstigter, seelischer Schmerz. Er macht mich von Tag zu Tag immer ortloser. Alle Erinnerungen – an Lilo und Konrad, an die Geschichten über meine vier Großeltern und sogar die Urgroßeltern –, alle meine bisherigen Lebensstationen – die Zeit in Düsseldorf, in den Niederlanden, in Hamburg und in Berlin – steigen in diesem Schmerz auf, entzünden sich und verlieren sich dann in dem täglich heftiger werdenden Brennen. Ich vertraue darauf, dass es mich nicht in einen Abgrund führt. Die Tatsache, dass ich in Deutschland lebe, dass ich zugleich deutsch und jüdisch bin, dass ich einer zertrümmerten Welt entstamme, in der es kein intaktes jüdisches Leben mehr gibt und möglicherweise auch nicht geben kann – alles lasse ich hier an diesen Trümmern des zerstörten Tempels, an dieser ursprünglichsten Wunde in der jüdischen Geschichte aufsteigen und sich von meinem Schmerz entzünden. Ich könnte in Israel bleiben – die *Galut* hinter mir lassen und in das israelische Judentum einsteigen, in die orthodoxe Welt der *Jeschiwa*, in der es keine Zweifel und Brüche gibt, oder in das säkulare Judentum der meisten Israelis, das für Ambivalenzen genauso wenig Raum bietet. Keine Verpflichtung bindet mich derzeit an etwas. Ich könnte mich für das eine oder für das andere entscheiden – und in meine Entscheidung hineinwachsen.

In welche Richtung soll ich mich wenden?

Der Schmerz kulminiert schließlich in einen Moment, in dem ich nicht mehr weiß, wer ich bin. Auch das lasse ich zu, verbringe mitunter Stunden zwischen den wimmernden Frauen an der *Kotel* – immer mit dieser einen Frage.

Nach *Jom Kippur* vernehme ich meine Antwort:

Geh zurück nach Deutschland. Alle deine Fragen stellen sich nur dort und werden sich nur dort beantworten.

Sogleich beginnt der Schmerz abzuklingen.

Ab jetzt kann ich es benennen. Ich entstamme einer nicht intakten jüdischen Welt, einem *sche'erit haplejta* – einem »Rest der Versprengten«, von dem schon die Propheten in der Bibel sprechen. Es hat immer zwei Stränge in der jüdischen Geschichte gegeben – ein ungebrochenes Judentum ebenso wie einen traumatisierten »Rest«, der die Katastrophen überstanden hat, die größere Vergangenheit jedoch noch bezeugen kann und mit diesem Wissen eine größere Zukunft entwirft. Die größten Werke, auf denen das Judentum heute steht, sind das Zeugnis dieses »Rests« – die Redaktion der Bibel als Reaktion auf den Untergang der Königreiche, die Entstehung des Talmud als Reaktion auf das Niederbrennen des Tempels, wichtige kabbalistische Schriften als Reaktion auf die Vertreibung aus Spanien. Und so gibt es auch heute nach der *Schoa* noch einen »Rest«, der um die größere Vergangenheit der Juden in Deutschland, in Europa weiß. Die NS-Zeit hat den geistigen und kulturellen Reichtum des deutschen Judentums nicht entkräftet. Kein noch so attraktives Modell von einem intakten Judentum – sei es die Orthodoxie der Lehrer in der Jerusalemer *Jeschiwa*, sei es das weltlich-zionistische Tel Aviv – kann meine Welt ablösen oder ersetzen. Der einzige Weg, der für mich zu etwas führt, ist, die im *sche'erit haplejta* keimenden Erkenntnisse zum Gedeihen zu bringen. Sowenig ich jetzt sagen kann, wohin dieser Weg führt, werde ich ihn doch gehen und herausfinden, welche tieferen Dimensionen er enthält, aus denen ein sich erneuerndes Judentum – sogar in Deutschland – erwachsen kann.

Diese plötzliche Klarheit erhält unmittelbar nach meiner Rückkehr nach Berlin einen weiteren Schub an Gewissheit. Einen Tag nach meiner Ankunft ruft mich Boike Jakobs, eine Redakteurin der *Allgemeinen Jüdischen Wochenzeitung,* an. Ob ich nicht Lust hätte, eine Reportage über Juden in Ostberlin zu schreiben? Es wäre nicht das erste Mal. Ich erkläre, dass ich gerade von einem mehrmonatigen Israelaufenthalt zurückgekommen sei und mich erst wieder einleben wolle. Aber Boike drängt mich. Ihre Stimme am Telefon klingt ungewöhnlich aufgeregt. Sie will die Reportage am liebsten heute noch.

Ich habe in den letzten Monaten kaum Nachrichten gesehen, nur ganz entfernt die Flucht Hunderter von DDR-Bürgern nach Prag und Budapest mitbekommen. Ist etwas Besonderes geschehen?

Boike ruft beschwörend in den Hörer: »Elisa – die Mauer ist gefallen!«

5. Amalek

Sich in Deutschland mit *Amalek* zu beschäftigen, bedeutet einen Versuch, die *Schoa* theologisch einzuordnen. Der Schabbat vor dem *Purim*-Fest, bei dem die Juden ihre Rettung durch Königin Esther feiern, heißt *Schabbat Sachor* (»Gedenke!«). Die Tora-Lesung im Morgengottesdienst enthält drei zusätzliche Verse:

> Gedenke, was dir Amalek getan auf dem Wege bei eurem Auszuge aus Ägypten, der dich traf auf dem Wege, und deine Nachzügler erschlug, all die Schwachen hinter dir – du aber warst matt und müde – und fürchtetest Gott nicht. Und es soll geschehen, wenn der Ewige dein Gott dir Ruhe schafft von all deinen Feinden rings herum in dem Lande, das der Ewige dein Gott dir als Besitz gibt, es einzunehmen, sollst du auslöschen das Gedächtnis Amaleks unter dem Himmel. Vergiss nicht! *(Dt. 25:17–19).*

Jedes Jahr lesen wir diesen paradoxen Auftrag: *Erinnere dich, um die Erinnerung auszulöschen.*

Amalek – das ist das radikal Böse.
Amalek – das ist der Feind der Juden.

Nach der Israelreise habe ich mich an der Freien Universität immatrikuliert und studiere parallel zu meiner journalistischen Arbeit Judaistik. Mit Hilfe von Niko Oswald, einem Dozenten, lese ich alle *Midraschim* zum Thema *Amalek*.

Zugleich werde ich auf ein von Professor Michael Brocke mit herausgegebenes Buch aufmerksam: *Wolkensäule und Feuerschein. Jüdische Theologie des Holocaust.* Darin steht ein Aufsatz von Eliezer Berkovits über das *Verbergen Gottes.* Er bezieht sich unter anderem auf die Esther-Geschichte, in der Haman – ein Nachfahre des amalekitischen Königs Agag – alle Juden in Persien vernichten will. An keiner Stelle kommt in der Erzählung der Name Gottes vor. Gott ist abwesend. Daraus haben bereits die talmudischen Rabbiner ein theologisches Verständnis für ein Unheil vom Ausmaß der *Schoa* abgeleitet. Der Schlüssel liegt im Namen »Esther«. Erstaunt über das darin enthaltene Anklingen der eigentlich verpönten Liebes- und Kriegsgöttin *Astarte,* suchen sie ein *Remes,* ein Zeichen, das dem Namen eine jüdische Wendung gäbe – und führen hierzu einen Vers aus der Tora an: »Anochi *haster astir* panai«, »Ich werde mein Antlitz *verbergen« (Dt. 31:18).*

Das »Verbergen des Antlitzes« – das ist die Welt, in der Gott nicht mehr vorkommt, in der das Böse herrscht und großes Unheil geschieht. Das ist auch die Welt des »tausendjährigen Reiches« mit seiner Ideologie des arischen Herrenmenschen, der Gott leugnet, sich selbst an dessen Stelle setzt und auszieht, um andere Völker zu vernichten.

Die *Midraschim* »lese« ich nicht nur, sie sind vielmehr ein Medium für die geistigen Bewegungen, in denen ich meine Auseinandersetzung mit *Amalek* zugleich »lebe« – mit dem großen Amalek in der deutschen Geschichte, mit dem kleinen, der mich auch heute im Geist von Menschen bedrohen kann.

Jüdischer Monotheismus ist nicht dualistisch. Er teilt die Welt nicht in Schwarz und Weiß ein, kennt keinen »Teufel«, keinen zweiten »Negativgott« gegenüber einem »Positivgott«. Er redet von keiner »Anti-Macht«, die ein eigenes, von Gott unberührtes Reich betreibe. Vielmehr ist alles von dem *einen* Gott erschaffen worden – auch das Böse.

Ich bin der Ewige, und keiner sonst,
der Helle bildet, Dunkel schafft,
Heil wirkt und Übel schafft,
ich bin's, der Ewige,
der all dies tut. *(Jes. 45:6–7)*

Alles hat seinen Platz: der Baum der Erkenntnis im Garten Eden, der zum Wissen über das Gute und Böse befähigt, ebenso wie der *Jezer Hara,* der »böse Trieb« im Menschen, der durchaus zum Guten dienen kann – der *Satan,* der »Widersacher«, der das Böse im Guten hervorlockt –, und auch *Amalek.*

Über den *Jezer Hara* schreibt der *Midrasch:*

Ist denn der böse Trieb sehr gut? Ja, denn wenn er nicht wäre, würde kein Mensch ein Haus bauen, heiraten, Kinder zeugen und Verkehr treiben. *(BerR 9:7)*

Die *Mischna* verlangt:

Jedermann ist verpflichtet, für das Böse ebenso Gott zu danken, wie man für das Gute Gott dankt. Denn es heißt: Du sollst den Ewigen deinen Gott lieben von ganzem Herzen, von ganzer Seele und aus allen Kräften. Von ganzem Herzen heißt: mit beiden Trieben, dem guten und dem bösen. *(Brachot 9:5)*

Der Schabbat vor *Purim* verweist auf *Amalek.* König Agag, der zur Zeit von König Saul Krieg gegen die Israeliten führt, ist ein *Amalekiter (1. Sam. 15).* Haman, der in der Esther-Geschichte alle Juden Persiens vernichten will, ist eine Verkörperung des *Amalek.* Hitler ist *Amalek.* Die *Schoa* und der Zweite Weltkrieg sind das Werk *Amaleks.*

Das Gebot, das »Gedächtnis Amaleks« auszulöschen, verweist auf ein Ereignis im Buch *Exodus* unmittelbar nach dem Auszug der israelitischen Sklaven aus Ägypten:

Da kam Amalek und stritt gegen Israel in Refidim. Und Moses sprach zu Josua: Wähle uns Männer und ziehe aus, streite gegen Amalek. Morgen werde ich stehen auf dem Gipfel der Anhöhe, den Stab Gottes in meiner Hand. Und Josua tat, so wie Moses zu ihm gesprochen hatte, mit Amalek zu streiten. Und Moses, Aaron und Chur stiegen hinauf auf den Gipfel der Anhöhe. Und es geschah, so wie Moses seine Hand erhob, siegte Israel, und so wie er seine Hand sinken ließ, siegte Amalek. Da die Hände Moses schwer wurden, nahmen sie einen Stein und legten den unter ihn, und er setzte sich darauf, und Aaron und Chur fassten seine Hände, hier einer und dort einer, und seine Hände blieben aufrecht bis Sonnenuntergang. Und Josua brach die Kraft Amaleks und seines Volkes mit der Schärfe des Schwertes.

Und der Ewige sprach zu Moses: Schreibe das zum Andenken in das Buch, und lege in die Ohren Josuas, dass ich auslöschen will das Gedächtnis Amaleks unter dem Himmel. Und Moses baute einen Altar und nannte seinen Namen: Der Ewige, mein Banner. Und er sprach: Denn die Hand ist an dem Throne Jahs, Krieg hat der Ewige durch Amalek von Generation zu Generation. *(Ex. 17:8–16)*

Die *Mischna* sagt:

»Und es geschah, wenn Moses seine Hand erhob, siegte Israel, und wenn Moses seine Hand sinken ließ, siegte ›Amalek‹.« Können denn Moses' Hände den Kampf fördern oder den Kampf hemmen? Das will vielmehr sagen, dass die Israeliten, solange sie nach oben blickten und ihr Herz dem himmlischen Vater zu eigen gaben, die Oberhand hatten, sonst aber unterlagen. *(Rosch Haschana 3:8)*

Amalek ist eine Chiffre. Der Name gleicht einer Pervertierung der Wörter *melech* (König) oder *malach* (Engel). Er klingt wie eine korrupte Vorstellung sowohl von »König« als auch von »Engel«.

Amalek hasst die Juden nicht um ihrer Stärke, sondern um ihrer Schwäche willen. Er greift die Nachzügler unverhofft und hinterrücks an – in einem Augenblick, in dem das ganze Volk matt und müde ist und Gott nicht fürchtet. *Amalek* führt die Schwächlichkeit Israels vor.

Im Krieg mit *Amalek* geht es nicht, wie im Falle der anderen biblischen Völker, um den Besitz von Land. Auf dem Spiel steht das Wirken Gottes in der Welt. *Amaleks* Hand greift nach dem Thron Gottes – er will sich selbst auf diesen setzen.

Dieser Krieg ist so alt wie das Bewusstsein der Menschen um den *einen* Gott. Er hat etwas mit der Herausbildung von Völkern und der Selbstherrlichkeit von Nationen zu tun. *Amalek* fordert Gott heraus, indem er ihn verhöhnt. Am Ende siegt jedoch nicht die Stärke *Amaleks*, sondern der Träger des heiligen Namens – *Jisra-El*. Der heidnische Zauberer Bileam sagt über *Amalek*:

> Das erste der Völker ist Amalek und sein Ende ist Untergang. *(Num. 24:20)*

Das hebräische *Sachor* heißt »Gedenke!«, und das »Gedächtnis« *Amaleks* ist das *Secher Amalek*. Das Wort *Secher* enthält zugleich *sachar* – »männlich«. Im Krieg mit *Amalek* geht es auch um Männlichkeit. Der *Midrasch* führt aus:

> Das Wort »wajesanew« (»hinterrücks angreifen«, in dem Wort ist *sanaf* – »Schwanz« enthalten, Dt. 25:18) bedeutet hier: wie er dein männliches Glied angreift. (...) Was tat das Gefolge von Amalek? Sie schnitten die beschnittenen Penisse der Israeliten ab und warfen sie himmelwärts, Gott verhöhnend: »Ist es das, was du erwählt hast? – Hier ist das, was du für dich selbst erwählt hast!« *(Pesikta deRav Kahana 3:11)*

Amalek verhöhnt nicht nur den »Bund mit Gott«, den die Beschneidung der jüdischen Männer markiert, *Amalek* erniedrigt auch die Frauen – das Weibliche.

Und Samuel sprach: Bringet her zu mir den Agag, König von Amalek. Und Agag ging zu ihm lustigen Schrittes, und Agag sprach: Fürwahr, gewichen ist das Bittere des Todes. Und Samuel sprach: Wie du unsere Frauen hast stolpern lassen mit deinem Schwert, so wird auch deine Mutter stolpern, und Samuel zerhub Agag in Stücke vor dem Ewigen in Gilgal. *(1. Sam. 15:32–33).*

Was bedeutet es, das Gedächtnis *Amaleks* auszulöschen? An welchen Anfang müsste ich zurückgehen, um das fortwirkende Unheil zumindest in mir selbst zum Versiegen zu bringen?

Nach den Erzählungen der Bibel liegt der Ursprung in einer längst vergessenen Geschichte, einem Familiendrama, dessen Folgen sich außerhalb des Bewusstseins der Israeliten abspielen. Das Buch *Genesis* erwähnt *Amalek* als den Enkel Esaus *(Gn. 36:12).*

Und Timna war Geliebte des Eliphas, Sohn Esaus, und gebar dem Eliphas den Amalek. *(Gn. 36:12)*

Esau ist der verdrängte ältere Zwillingsbruder, der sein Erstgeburtsrecht an Jakob verloren hat. Sein Sohn Eliphas hat zwei Frauen – und eine Geliebte: Timna. Der *Midrasch* erzählt, dass Timna Esau verlassen will und zusammen mit ihrem Kind *Amalek* um Aufnahme im Hause Jakob bittet. Die Söhne Jakobs verwehren ihr dies. Das Unheil beginnt nicht erst in der Wüste bei Refidim – es beginnt 400 Jahre vorher in der Familie Abrahams.

Amalek ist also ein Verwandter der Israeliten.

Esau, der Sohn des Isaak und Bruder des Jakob, kennt den monotheistischen Gott. Sein Sohn Eliphas trägt noch Gott (*El*) in seinem Namen. Doch Esau ist um sein Erstgeburtsrecht betrogen und gehört nicht mehr zur erbberechtigten Linie der Familie. Sein Enkel *Amalek* wird die Schmach rächen – eine doppelte Schmach: die Verdrängung des Großvaters Esau sowie die eigene illegitime Geburt, die *Amalek* erneut von der Erb-berechtigung ausschließt.

Als die Israeliten bei Refidim hinterrücks überfallen werden, kennen sie *Amalek* nicht – aber *Amalek* kennt sie. Und so weiß *Amalek* in jeder Generation um die Juden – aber die Juden wissen nicht um *Amalek*, den ausgestoßenen Cousin.

Beim *Seder* heben wir das Glas Wein und singen:

Wehi sche'amda lawotejnu welanu …
Und das erhielt unsere Vorfahren und uns aufrecht, denn nicht etwa nur Einer erhob sich, uns zu verderben, sondern in jedem Zeitalter stand man wider uns auf, um uns zu vernichten, und der Heilige, gelobt sei er, rettet uns aus ihrer Hand.

In jeder Generation steht *Amalek* von neuem auf.

Doch der Ursprung *Amaleks* reicht noch weiter zurück. So wie Gott bereits vor der Erschaffung des Menschen den Baum mit den verbotenen Früchten im Garten Eden gepflanzt hat, so hat er *Amalek* einen Platz im Lande Kanaan gegeben. Die *Sde Ha'amaleki* (die »Felder des Amalek«) gibt es in der Hebräischen Bibel bereits, als noch nicht einmal *Amaleks* Großvater Esau geboren ist *(Gn. 14:7).*

Der *Midrasch* sagt, dass *Amalek* nur mit Gottesfurcht zu besiegen sei. Aber diese Gottesfurcht ist kein lammfrommes Sich-Ergeben in das eigene Schicksal. *Amalek* zu bezwingen verlangt, »schuldfähig« zu werden – den Bereich der Unschuld zu verlassen und ein Recht auf Stärke zu beanspruchen.

Esther besiegt *Amalek*, indem sie sich von einem liebreizenden Haremsmädchen zu einer politisch handelnden Königin emanzipiert. Bevor sie den entscheidenden Schritt tut, fastet sie drei Tage – enthält sich aller Materialität und stellt sich auf einen geistigen Krieg ein. Die Geschichte nimmt einen brutalen Ausgang. Am Ende hängt Haman am Galgen. Mordechai, der Onkel Esthers, wird Königsberater. Esther erlässt eigene Dekrete. Die Juden emanzipieren sich von einer verachteten Minderheit zu einer politischen Macht.

Ich löse das »Gedächtnis Amaleks« auf, indem ich den ursprünglich kleinen *Amalek* aufnehme, aber dem aufgeblasenen großen *Amalek* entgegentrete. In dieser Zeit mache ich mich vollständig von der Identität der »zweiten Generation« frei. Am Institut für Judaistik lerne ich die erforderlichen Grundlagen. Es ist Niko Oswald, der mir Aramäisch beibringt, Professor Peter Schäfer, der mir einen systematischen Einstieg in die *Mischna*, die älteste Schicht des Talmud, weist, und Professor Michael Brocke, der mich in die Kommentare Raschis zur Hebräischen Bibel einführt. Vorübergehend ist Moshe Dick aus New York als orthodoxer Berliner Gemeinderabbiner angestellt. Er fällt mit seinem aufgeschlossenen und modernen Verhalten sofort aus dem Rahmen und wird deshalb auch schnell wieder entlassen. Die wenigen Monate, die er in Berlin lebt, geben mir dennoch entscheidende Impulse. Mit ihm zusammen lese ich mehrere *Gemara*-Abschnitte im Original aus dem Talmudtraktat *Sanhedrin*. Es ist das Traktat, das die politischen Gesetze des Judentums diskutiert.

Diese ersten Auseinandersetzungen mit der rabbinischen Originalliteratur zeigen mir, wie politisch der Talmud ist – wie er eben keine Religion entwickelt, die sich vom »schmutzigen politischen Geschäft« abwendet, um sich rein und lauter den himmlischen Sphären zuzuwenden, sondern umgekehrt eine tätige Ethik formuliert, die konkret und dabei heiligend auf eine niemals reine und heile Gegenwart einwirkt.

Aber wie tief vergraben liegen die politischen Inhalte des Judentums in Deutschland! Wie sehr hat sich das jüdische Religionsverständnis den Forderungen der Mehrheitsgesellschaft angepasst, nach denen Religion nur eine Privatsache innerhalb der eigenen vier Wände sein darf! Wie sehr verzichten Juden auf die politischen Folgen ihres kollektiven Selbstverständnisses – um bloß nicht die wahnwitzigen Beschuldigungen von der jüdischen Weltverschwörung zu provozieren. Wie sehr beschränken sich Juden auf das Mahnen gegen den Antisemitismus und schreiben damit ihre passive Opferrolle fest!

Parallel zum Judaistikstudium lese ich in einer Gruppe mit zwei jüdischen und zwei nichtjüdischen Freundinnen die Werke Hannah Arendts. Ich folge Arendts Forderung, dass sich die europäischen Juden selbstkritisch ihrer Geschichte stellen müssen, vor allem ihrer jahrhundertelangen politischen Passivität, die die Verantwortung den anderen überlässt. Die Arendt-Lektüre veranlasst mich zu einer neuen Auseinandersetzung mit dem deutschen Idealismus, der deutschen Romantik und dem deutschen Existentialismus – in ihren jeweiligen Einstellungen zum Judentum. In der Tendenz kommt immer wieder dasselbe heraus: Das Judentum als Gesetzesreligion reibt sich mit der christlich gefärbten Innerlichkeit, die auch in diesen Philosophien enthalten ist. Ihr universalistisches Anliegen, alle Menschen zu Brüdern zu machen, schlägt leicht in eine aggressive Vereinnahmung um. Das Judentum – zumal als Gesetzesreligion, die eine andere Geisteshaltung und eine andere religiöse Mentalität als die der Mehrheitsgesellschaft hervorbringt – stört in diesem Universalismus und wird als rückständiger Partikularismus entwertet.

Mich enttäuscht jedoch, dass Arendt, wenn es um die Theorie politischer Freiheit und politischen Handelns geht, allein aus den griechischen und römischen Quellen schöpft und im Talmud keine Inspiration vermutet. Erst Jahre später, als Rabbinatsstudentin, würde ich die Werke jüdischer Politologen und politischer Philosophen wie Daniel Elazar oder Michael Walzer, wie Jacob Neusner oder David Novak entdecken, die eine spezifisch jüdisch-politische Theorie aus der antiken und späteren rabbinischen Literatur ableiten. Sie verstehen den »radikalen jüdischen Partikularismus« als das eigentliche Angebot an die Menschheit. Dabei bedeutet »Schalom« nicht einen alle Menschen verschmelzenden »Frieden«, sondern eine »Fülle«, in der die unterschiedlichen Heilsgeschichten der Menschen und Nationen mit ihren unterschiedlichen Voraussetzungen zu einer vollen Geltung kommen.

Mein Versuch, die *Schoa* auf eine Weise zu begreifen, die mir hilft, die lähmenden und mitunter selbstzerstörerischen Nachwirkungen der Katastrophe zu überwinden, führt mich auch in das Buch *Hiob.* Hiob, der Schuldloseste unter den Schuldlosen, der Gerechteste unter den Gerechten, verliert alles – seine Ehre, seinen Wohlstand, seine Familie und seine körperliche Unversehrtheit – durch eine Wette des *Satan* mit Gott. Meine Deutung des Buches konzentriert sich auf Hiobs anfängliches Beharren auf seiner Schuldlosigkeit, die in seinem Festhalten an der Gerechtigkeit gründet.

> Beim lebendigen Gotte, der mein Recht mir entzogen, und beim Allmächtigen, der meine Seele betrübt hat. So lange Odem in mir ist, und der Hauch Gottes in meiner Nase, sollen meine Lippen kein Unrecht reden, und meine Zunge kein Unrecht aussprechen. Fern sei es von mir, dass ich euch Recht gebe; bis ich verscheide, lasse ich meine Unschuld mir nicht nehmen. Fest halte ich an meiner Gerechtigkeit, und lasse nicht von ihr, es schmähet mein Herz keinen meiner Tage. *(27:2–6)*

Hiob hält sich für gerechter als Gott – denn er beachtet alle Gebote, während Gott zynische Wetten mit dem *Satan* schließt:

> Wisset denn, dass Gott mir Unrecht getan, und mit seinem Netze mich umstellt hat. Siehe, ich schreie über Gewalt und mir wird nicht geantwortet; ich rufe, da ist kein Recht. Meinen Pfad hat er verzäunt, dass ich nicht weiter kann; und auf meine Steige hat er Finsternis gelegt. *(19:6–8)*

> Will er durch Fülle der Kraft mit mir rechten? Nicht er, für wahr, wird solches auf mich legen. Dort, schlicht mit ihm rechtend, entkäme ich siegend meinem Richter. *(23:6–7)*

Indem Hiob seine Gerechtigkeit allem erhaben glaubt, provoziert er Gott.

Hältst du das für Recht, sprichst du: meine Gerechtigkeit
ist über Gottes? *(35:2)*

Wie Jakob mit dem Engel gekämpft hat, fordert Gott Hiob zum
Kampf heraus:

> Gürte doch, wie ein Mann, deine Lenden, und ich will
> dich fragen, und du belehre mich: Immer noch brichst du
> meinen Rechtsspruch? Zeihst du mich des Unrechts, auf
> dass du gerecht seist? *(40:7–8)*

In einem kathartischen Moment lasse ich Anfang der 90er
Jahre die Grenze meiner vermeintlichen Schuldlosigkeit hinter
mir.

Ich habe soeben Eveline Goodman-Thau in Kassel besucht,
wo sie als Gastdozentin tätig ist. Eveline kommt regelmäßig
aus Jerusalem nach Deutschland. Sie ist in Wien geboren und
hat die *Schoa* in einem Versteck in den Niederlanden überlebt.
In bereits fortgeschrittenem Alter schreibt sie ihre Doktor-
arbeit, die unter dem Titel *Zeitbruch* erscheint und versucht,
die Lehren moderner jüdischer Religionsphilosophen wie des
Kantianers Hermann Cohen oder des Existentialisten Franz
Rosenzweig erneut zu aktivieren. Sie ist meine Lehrerin. Aber
jetzt kann sie, die nach dem Krieg nach Israel ausgewandert ist
und die vergangenen Jahrzehnte nicht unter Deutschen gelebt
hat, mir nichts sagen. In einer Liebesgeschichte mit dem Sohn
eines ehemaligen Nazis hat mich die Macht *Amaleks* niederge-
worfen. Auf der Rückfahrt nach Berlin bin ich allein in einem
Abteil. Ich ziehe die Bänke aus und lege mich quer darüber.
Mehrfach versuchen Menschen in das Abteil einzutreten. Sie
öffnen die Tür – und schließen sie sogleich wieder, erschrocken
von den Energien, die in dem Abteil virulent sind. In mir wütet
der Fluch.

Vorübergehend mag ich mich nicht mehr als Jüdin bezeichnen. Ich beginne eine neue Arbeit als Nachrichtenredakteurin
des Fernsehsenders *deutsche welle tv*, erzähle dort lange nie-

mandem, dass ich Jüdin bin. Ich will mich erleben, wer ich wäre, wenn ich keine Jüdin wäre. Wer wären dann meine Freunde? Was wären dann meine Themen und Leidenschaften? Wie würde ich den Menschen um mich herum begegnen – wie sie beurteilen?

Auch Hiob tritt aus seiner Unschuld heraus – und erhält am Ende nicht nur alles zurück, sondern wird sogar mit noch mehr gesegnet.

Als ich das verstehe, habe ich plötzlich keine Angst mehr, als Jüdin zwangsläufig immer auch potentielles Opfer zu sein. Mit meinem unverhofft angstfreien Selbstbewusstsein breitet sich ein Elixier der Stärke in mir aus. Die jüdische Religion hält nicht dazu an, die linke Wange hinzuhalten, wenn die rechte geschlagen wird. Vielmehr emanzipiert sie zu realer Stärke und Widerstandsfähigkeit, ja stellt sogar die Machtfrage. Dies alles gewinnt sie aus einer Verbindung mit Gott, durch den jeder Mensch ein heiliges Potential in sich trägt, das gelebt werden will und niemandem geopfert werden darf – das aber auch Schuld in der Welt verursacht. Es bedarf des Mutes, sich alle schuldigen und unschuldigen Triebkräfte einzugestehen und sie zum Leben zu bringen – und damit erst ins rechte Gleichgewicht.

Meine Erkenntnis schlägt sich in meinen Ansichten zur politischen Gegenwart nieder. 1990 marschiert der Irak in Kuwait ein. Die USA beginnen daraufhin den ersten Golfkrieg. In meinen linksalternativen Kreisen wird dieser Krieg durchweg verdammt. Man glaubt, einen Tyrannen wie Saddam Hussein mit Handelsembargos und diplomatischen Mitteln besänftigen zu können. Zugleich frönt man einer politisierten Ohnmachtskultur. In meinem Stadtbezirk – Schöneberg – hängen weiße Fahnen aus den Fenstern, als seien auch die Berliner von den USA angegriffen worden. Zugleich schießt der Irak Scud-Raketen auf Tel Aviv ab und droht mit Gasangriffen, um Israel zu vernichten.

Ich bin von Anfang an für den Krieg gegen Saddam Hussein, wie ich später auch den Krieg gegen die Taliban in Afghanistan und den zweiten Golfkrieg befürworte. Dies löst bei meinen Freunden heftige Debatten aus. Meine nichtjüdischen Bekannten, denen meine Einstellung mitunter unerträglich ist, versuchen meine Haltung zu relativieren, indem sie diese mit meiner vermeintlichen Angst um Israel und meine dort lebenden Verwandten »entschuldigen«. Aber ich argumentiere nicht aus einer persönlichen Angst heraus. Ich stelle vielmehr in Abrede, dass die Argumente, die ich in dieser Zeit höre, irgendetwas in einer Welt, in der das Böse immer mit vorhanden ist, ausrichten können. Sie sind nicht nur ohnmächtig, da sie das Böse verdrängen und wegschauen. Sie zwingen auch die anderen in eine Ohnmacht, indem sie den Verbrechern freie Bahn gewähren. Dabei halten sie sich fälschlicherweise für moralisch überlegen. Diese Art von »Unschuld« ist schuldhafter als jede tätige Schuld, die dem Verbrecher entgegentritt und der talmudischen Forderung nachkommt: »Wenn dich einer töten will, komme ihm zuvor und töte ihn« *(Sanhedrin 72a).*

Riga – Kowno – Wilna – Memel – Königsberg – Warschau – Lodsch – Krakau – Lemberg – Brody – Pressburg – Prag – Budapest – Tschernowitz – Kischinew – Odessa: Als Journalistin fahre ich in der ersten Häfte der 90er Jahre kreuz und quer durch die Mitte des Kontinents.

Schon bei meiner ersten Ankunft 1991 in Riga erlebe ich das *Déjà vu*, das mir fortan bei jeder Ankunft begegnen wird. Die alte Pracht der Häuser, die mich bereits im Rigaer Bahnhofsviertel empfängt, heruntergekommen zwar, jedoch immer noch voller Eleganz, kommt mir bekannt vor.

Ich war schon einmal hier.

Ich war auch schon einmal da – mit Lilos Freundinnen auf der Frauengalerie in der Düsseldorfer Synagoge, den alten Damen aus Riga, Lemberg oder Tschernowitz mit ihren Erinnerungen an Orte, in denen sie vor langer Zeit einmal gelebt und die sie mir als Kind nonverbal eingeprägt haben.

Die neue Zugänglichkeit dieser Orte bringt die alte Kulturlandkarte Mittel- und Osteuropas wieder zum Vorschein. Nationalistischer Chauvinismus, Nationalsozialismus, Kommunismus und Sowjetimperialismus haben die Bevölkerung durch Umsiedlung, Deportation, Verbannung und Vernichtung künstlich neu geordnet. Ideologien haben die Erinnerungen jahrzehntelang zensiert und kontrolliert. Jetzt, da sie ihre Bedeutung verlieren, ragen auf einmal die abgerissenen Enden der alten jüdischen Einbindung in das mittel- und osteuropäische Völkergewebe heraus. Nicht als lebendige Realität, aber auch nicht mehr nur als Mythos.

Jahrzehntelang habe ich mit Namen wie Wolhynien, Galizien oder Bukowina keine real existierenden Orte verbunden, entstammen die Geschichten der chassidischen *Rebbes* in Witebsk, Berditschew oder Bratzlaw einem ebenso fremden Kosmos wie die jiddischen Schnulzen vom *Stetele Belts.* Jetzt fahre ich zu all diesen Orten, die mir bislang nur als Mythen etwas bedeutet haben.

In Riga, der ersten Station meiner vielen Reisen, atmet ein überall spürbarer Elan der gerade gewonnenen Freiheit – trotz des wirtschaftlichen Abgrundes, in den das Land abzugleiten droht. Als ich nach einer 36-stündigen Zugfahrt von Berlin aus morgens um sechs Uhr am Hauptbahnhof ankomme, liegt Schnee in der Stadt. Meine lettische Zimmervermieterin trägt ihren Mantel in der Wohnung. Ich erfahre, dass in der ganzen Stadt nicht geheizt wird und es kein warmes Wasser gibt. Die gerade unabhängig gewordene Republik kann die erhöhten Ölpreise nicht zahlen, die Russland zur Strafe für die Abtrünnigkeit verlangt. Zwischen den Symptomen einer bis dahin ungekannten Armut – den Rentnern, die aus Asien herangeschaffte Textilien auf den verschneiten Straßen verkaufen, den Händlern, die in den Unterführungen Batterien von Pornomagazinen und Hehlerware feilbieten, den »Männern in Leder« vor den wenigen besseren Geschäften, die mit kurz geschorenen Haaren stupide Brutalität verströmen und sich als untere Char gen einer sich herausbildenden Mafia zu erkennen geben –, zwischen all diesen Erscheinungen strahlt die Stadt ihre Widerstandsbereitschaft aus. Die Menschen fluchen und lachen zugleich über die Kälte. Trotz aller Ungewissheit über die Zukunft nehmen diejenigen, die ich kennenlerne, den Preis der Freiheit in Kauf und wünscht sich niemand eine Rückkehr zu den »sowjetischen Fleischtöpfen«.

Es ist auch meine Freiheit, die diese Menschen erkämpft haben und die mich herausfordert, meine Begriffe von Unabhängigkeit und Nation neu zu überdenken.

In der Stadt, die gerade erst das sowjetische Joch abgeworfen hat, tobt der Streit um die Gleichberechtigung der russischen Einwohner. Sie sind größtenteils unter Stalin in Lettland angesiedelt worden – mit dem Ziel einer systematischen »Entnationalisierung«. Gleichzeitig sind Zehntausende von Letten nach Sibirien und Mittelasien deportiert worden. Die russische Bevölkerung lebt in den Jahrzehnten vor der Unabhängigkeit Lettlands fast durchgehend begünstigt: Sie bekommt Wohnungen in den besseren Gegenden, hat bislang kein Lettisch zu lernen brauchen und fällt jetzt im Stadtbild durch oftmals trotziges Lärmen in Russisch auf. In Deutschland habe ich viele Berichte über den neuen lettischen Nationalchauvinismus gelesen. Die Menschenrechte würden missachtet – vor allem die Rechte der Russen. Durch meine Begegnungen mit den Menschen in Riga lerne ich, dass wohlklingende Argumente im fernen Deutschland, wie etwa »gleiche Rechte für alle«, leicht die verbrecherische Unterdrückungspolitik der Sowjetunion und die davon profitierenden hier angesiedelten Russen nachträglich sanktionieren – zumal Letztere keinerlei Bedürfnis zeigen, sich selbstkritisch mit der historischen Mittäterschaft auseinanderzusetzen.

Ich lerne, wie sehr sich Freiheit vor allem in der Befreiung vom Tabu konstituiert. In diesen ersten Jahren besteht sie darin, alle historischen Bedingtheiten der Gegenwart zur Sprache zu bringen. Die Menschen, die ich in Riga kennenlerne, zeigen mir die historischen Bedingtheiten ihres Landes in einem für mich neuen Licht. In diesem treten vor allem zwei Gruppen zum Vorschein, die in den Jahrhunderten vor der »Entnationalisierung« die kulturelle Geschichte Lettlands mit geprägt haben, jedoch in den vergangenen Jahrzehnten verschwiegen worden sind – die Juden und die Deutschen.

Ich bin mit zwei Adressen angekommen. Beide zusammen enthalten die zwei Spuren, auf denen ich in den folgenden Jahren mein Selbstverständnis als Jüdin in Europa ausloten werde. Die eine ist das von Margers Vestermanis gegründete Jüdische Dokumentationszentrum in Riga, die andere das vom lettischen Stadthistoriker Peteris Blums betriebene *Domus Rigensis*, das den deutschen Einfluss auf die lettische Kultur dokumentiert.

Das Jüdische Dokumentationszentrum befindet sich im einstigen Jüdischen Theater, in dem auch die Jüdische Gemeinde residiert. Als ich das monumentale Gebäude betrete, empfängt mich im Eingangsbereich ein vertrauter, jedoch spätestens seit meiner Israelreise ambivalenter Anblick: Quer durch die Eingangshalle hängt eine Schnur mit aneinander gereihten israelischen Wimpeln; Poster mit glücklichen israelischen Gesichtern und malerischen israelischen Landschaften verweisen auf eine Tür, hinter der sich offensichtlich das Büro der *Jewish Agency* befindet. Sie hilft den hiesigen Juden bei der *Alija*. Eine Million Juden aus der ehemaligen Sowjetunion wandern in diesen Jahren nach Israel aus.

In der Eingangshalle stehen mehrere Menschen. Ich höre *Iwrit*. Aber nicht nur. Ich höre auch Englisch – gesprochen von einigen Männern mit schwarzen Hüten und schwarzen Anzügen, den Kennzeichen der »orthodoxen« Juden. Es sind Anhänger der messianistischen *Chabad*-Bewegung, die – ähnlich wie die Jerusalemer *Jeschiwa* – mit so genannten *Outreach*-Programmen die Juden zur Orthodoxie zurückführen will. Hunderte, wenn nicht gar Tausende von *Chabad*-Emissären aus den USA werden in den kommenden Jahren dem gesamten jüdischen Leben Mittel- und Osteuropas einen nachhaltigen Stempel aufdrücken. Mich zieht es jedoch nicht zu solchen, von außen herangetragenen jüdischen Lebensangeboten. Ich suche vielmehr die inneren Anknüpfungspunkte des hiesigen jüdischen Lebens – wie immer sie durch die Last der vergangenen Jahrzehnte beschaffen sein mögen.

Im obersten Geschoss betreibt Margers Vestermanis sein kleines Archiv zusammen mit zwei helfenden Frauen. Wegen der Kälte tragen auch hier alle ihre Mäntel bei der Arbeit. Vestermanis begrüßt mich in einem hervorragenden Deutsch, der Sprache, die die lettischen Juden jahrhundertelang gesprochen haben. Während er mir seine Dokumentensammlung vorführt, treten immer wieder andere Besucher herein. Ich werde Zeugin einer Szene, bei der ein älterer Lette, der vom Lande nach Riga gekommen ist, Herrn Vestermanis einen Gegenstand übergibt, den ihm ein Jude 1941 zur Aufbewahrung anvertraut hat, der jedoch nicht mehr zurückgekommen ist. Hier im Dokumentationszentrum sei der Gegenstand an einem besseren Ort aufbewahrt als bei ihm zu Hause. Für diesen Mann ist es die erste Gelegenheit, über seine bedrückenden Erinnerungen an die Judenerschießungen von 1941 zu sprechen. Er weint, obwohl er selbst nicht betroffen gewesen ist, und wirkt beim Weggehen geläutert. Endlich gebe es einen Ort, zu dem man kommen kann, um nach einem halben Jahrhundert seine Erinnerungen zu erzählen oder Dokumente und Gegenstände abzugeben, die darlegen, welches jüdische Leben einmal diese Region mit ausgemacht hat.

Vestermanis hat in den lettischen Tageszeitungen eine Debatte über das Ausmaß der Kollaboration der lettischen Bevölkerung bei der Ermordung der jüdischen Bevölkerung angestoßen. Weite Teile der lettischen Bevölkerung bestreiten ihre Mitverantwortung an den Massenerschießungen im Jahre 1941. Ehemalige lettische SS-Mitglieder haben sich sogar in einer Organisation zusammengeschlossen und schaden mit ihren Aktivitäten dem politischen Ansehen Lettlands. Gleichzeitig empört sich Vestermanis auch über Berichte, die neuerdings vor allem in westlichen Medien erscheinen und pogromähnliche Zustände in Lettland behaupten. Gerade die lettische De-

mokratiebewegung habe bei einer ihrer ersten Demonstrationen eine Entschuldigung gegenüber den Juden ausgesprochen
und angekündigt, zusammen mit der verdrängten Geschichte
Lettlands auch die leidvollen Erinnerungen der jüdischen Bevölkerung ins öffentliche Bewusstsein zu bringen. Die von
westlichen Medien fortwährend unternommene Stigmatisie-
rung Lettlands als Hort des Antisemitismus helfe dem jüdischen Leben nicht. Sie gefährde leichtfertig das gute Verhältnis der Rigaer jüdischen Gemeinde zur neuen Regierung – und
schlimmer noch: sie entfremde das Zusammenleben von Juden und Letten.

Die zweite Adresse, mit der ich gekommen bin, ist das *Domus
Rigensis* in der Rigaer Altstadt. Die deutschen Minderheiten in
Mittel- und Osteuropa – seien sie als »Baltendeutsche« im Zuge
des Hitler-Stalin-Paktes 1940 ins besetzte Polen umgesiedelt,
seien sie am Ende des Zweiten Weltkrieges aus ihrer jeweiligen
Heimat vertrieben worden – habe ich bislang für besonders unangenehme Träger völkischen Chauvinismus gehalten und daher herzlich wenig Empathie für sie empfunden. Entsprechend
unschlüssig bin ich zunächst, überhaupt das *Domus Rigensis*
aufzusuchen.

Neben seinem Leiter, dem Stadthistoriker Peteris Blums, arbeiten dort mehrere, ebenfalls der Demokratiebewegung ange-
hörende Letten. Für ihr Freiheitsverständnis ist es unabdingbar,
den kulturellen Beitrag der Deutschen – bezeugt in den unzähligen Schlössern auf dem Lande und den vielen alten Kauf-
mannshäusern in der Hauptstadt Riga – wieder bewusst zu machen. Damit überwinden sie die Ära des gleichgeschalteten
»Sowjetbürgers«, der seiner historischen Herkunft entwurzelt
ist und nicht mehr auf die eigene Geschichte zurückgreifen
kann, um daraus mögliche Impulse für Freiheit und Unabhängigkeit in der Gegenwart zu erhalten.

Wenn sie so zu mir sprechen, fällt es mir schwer, die deutsche Geschichte in ihrem Land, das nicht mein Land ist, pau-
schal zu verdammen. So lasse ich mich von ihnen über den

deutschen Beitrag für die lettische Kultur belehren – lasse mich von ihrer Begeisterung für den Philosophen Johann Gottfried Herder anstecken, der in Riga gelebt hat und so etwas wie ein Vorläufer einer multikulturellen Weltanschauung ist – und lasse mich in die neuerdings geöffneten Archive führen, wo man in den deutschsprachigen Tageszeitungen Rigas vor 1940 endlich die Geschichte der Stadt erforschen kann. Und bei alledem merke ich, wie sich unter dem Einfluss der Leute im *Domus Rigensis* mein historischer Blickwinkel aus einer Verengung löst. Dabei eröffnet sich mir ein Teil deutscher Geschichte jenseits von Nationalstaat und Nationalismus – eine Geschichte von Deutschen außerhalb Deutschlands, die aus den unterschiedlichsten historischen Gründen jahrhundertelang in Regionen von der Ostsee bis zum Schwarzen Meer gelebt und zusammen mit anderen Mehrheiten und Minderheiten die Vielvölkerkulturen Mitteleuropas gebildet haben.

Die darin liegende thematische Herausforderung nehme ich an. Ich reise mit einem Kameramann jenseits der gefallenen Mauer durch jenen breiten Streifen in der Mitte Europas – und produziere in den nächsten Jahren genauso viele Fernsehreportagen über jüdisches Leben wie über den Umgang mit dem deutschen Erbe. Dem unermesslichen Schmerz, der lautlos in den vielen Geschichten von Deportation und Erschießung schreit, begegne ich nicht mit Vergleichen und Bewertungen. Ich berichte über unglaubliche Biographien weit hinter dem Eisernen Vorhang. Zugleich berichte ich über das wieder sichtbar werdende jüdische Leben – zum Beispiel über die Gottesdienste in Odessa an *Rosch Haschana* und *Jom Kippur* im ukrainischen Schriftstellerklub in der *Dschukowskaja* oder über die Feier zum 120-jährigen Bestehen des Budapester Rabbinerseminars, das in all den Jahrzehnten Rabbiner für die Ostblockstaaten ausgebildet hat oder über den Synagogenchor in Kaliningrad, der mit großem Erfolg statt zu Gottesdiensten zu Konzerten einlädt.

In dieser Zeit, in der alles in Bewegung und daher alles möglich ist, nehme ich wahr, wie an den erst neuerdings zugänglichen Orten verschiedene Zeitepochen aus einer nur scheinbar restlos untergegangenen Welt nach Gehör in der Gegenwart verlangen. Dabei verbinde ich mich mit einem alten jüdischen Erbe, das zwar noch ganz vage, aber doch vernehmbar anfängt, Konturen von einem möglichen Weiter aufzuzeigen. Dieses steht jedoch im Widerspruch zu dem geistigen Dreieck, in das das jüdische Leben in Mittel- und Osteuropa gebannt ist. Dieses besteht aus einer nicht zuletzt von den Medien gepflegten Lust, Juden immer wieder in die Rolle von Opfern zu drängen, sowie aus den flankierenden Angeboten auf jüdischer Seite, sich von allem abzuwenden und entweder in Israel neu anzufangen oder aber sich in das ahistorisch-messianistische Weltbild von *Chabad* zurückzuziehen. Nicht dass ich den in Mittel- und Osteuropa vorhandenen Antisemitismus herunterspielen wollte. Nicht dass ich den mittel- und osteuropäischen Juden von einer Auswanderung nach Israel abraten würde. Doch ich sehe in diesem Dreieck Vorlagen für Ersatzidentitäten, die verhindern, dass das jüdische Leben zu sich selbst kommt.

In Berlin prägen die Stätten des deutschen Judentums immer noch das Stadtbild. Mit dem Fall der Mauer sind sie plötzlich mehr als nur Monumente und Zeugnisse einer untergegangenen Welt. In der nach 1989 alle Berliner erfassenden Euphorie, jede gelebte Sekunde sei historisch, strahlen plötzlich auch die jüdischen Orte die Aura eines geistigen Erbes aus, das noch seiner Erben harrt. Das wird nicht nur von mir so empfunden. 1995 nehme ich an der Eröffnung des *Centrum Judaicum* in der restaurierten Neuen Synagoge in der Oranienburger Straße teil. Der neue Direktor, Hermann Simon, zitiert in seiner Ansprache aus seiner einstigen *Haftara*. Vor 30 Jahren hat er diese Worte bei seiner *Bar Mizwa* in der Ostberliner Synagoge Rykestraße vorgetragen: »An jenem Tag erstelle ich Davids zerfallene Hütte wieder, ich verzäune ihre Risse, ihre Trümmer stelle ich wieder her ...«

6. Egalitäre Minjanim

In der Mitte der 90er Jahre habe ich einen Traum.

In diesem Traum möchte ein Bekannter, den ich noch aus meiner Nimwegener Studienzeit kenne, dass ich ihm etwas zeige. Ich weiß, was er meint. Wir sind beide in meiner Wohnung, und er möchte, dass ich ihm einen Gegenstand zeige, der für mich typisch ist. Ich schaue mich um, doch mir fällt dazu nichts ein. Alles, was sich in meiner Wohnung befindet, bedeutet mir in diesem Moment nichts. Ich bin unbestimmt und ratlos. Da sagt er: »Ich weiß, was es ist«, und geht direkt auf ein Regal zu. Darin befinden sich meine Schallplatten. Er zieht eine heraus und gibt sie mir in die Hand. Es ist das Musical *Anatevka* (*Fiddler on the Roof*) nach Scholem Alechems Roman *Tewje der Milchmann*. Doch auf dem Bild der Schallplattenhülle ist es nicht der Schauspieler Zero Mostel, der auf dem Dach fiedelt. Auf dem Dach tanzt vielmehr eine Frau. Die Frau bin ich. Und die Buchstaben über mir – der Titel des Musicals – ergeben auch nicht *Anatevka*, sondern … »Woman-Rabbi«.

In diesem Moment wache ich auf.

Der Energieschub hält mehrere Tage an. Auf der Fahrt zur Arbeit halte ich mein Auto am Straßenrand an, weil ich befürchte, gleich zu rasen und einen Unfall zu bauen.

Ich verstehe den Traum als Botschaft.

So deutlich die Aussage zu sein scheint, kommt mir jedoch zunächst nicht in den Sinn, selbst Rabbinerin zu werden. Ich fasse den Titel »Woman-Rabbi« allgemeiner auf, eher als einen Orientierungsbegriff. Die Herausforderung, die ich in meinem

Traum vernehme, besteht darin, eine von Rabbinerinnen mit geprägte, moderne jüdische Kultur – in meinem Umfeld: in Berlin, in Deutschland – zu schaffen.

Auch eine berufliche Veränderung kommt mir zunächst nicht in den Sinn. Meine Arbeit befriedigt mich, ich kann mir nicht vorstellen, etwas anderes zu sein als Journalistin – wenngleich mich in letzter Zeit öfter der Verdacht beschleicht, dass Journalismus schnell zur Lebensflucht wird: Man berichtet über die Leben anderer, nimmt beschreibend an ihren Problemen teil, statt sich auf die eigenen einzulassen. Überdies ist mir aufgefallen, dass mir ein entscheidendes Kriterium fehlt, um eine wirklich gute Journalistin zu werden: die kritische Distanz. Ich berichte eigentlich nur über Themen, mit denen mich ein persönliches Interesse verbindet – und von denen ich will, dass sie die Öffentlichkeit mitbestimmen. Mitunter ertappe ich mich dabei, wie ich meine Interviewpartner zu sagen nötige, was ich selbst möglicherweise viel besser sagen könnte.

Warum sagst du es nicht gleich selbst?, frage ich mich dann, *statt andere in deinen Reportagen jene Welt errichten zu lassen, in der du selbst gerne leben würdest.*

Es ist recht lange her, dass ich etwas mit dem Berliner Gemeindegeschehen zu tun gehabt habe. Die letzten Erfahrungen sind nicht gerade motivierend.

Anfang 1990 leite ich zwei Monate das Berliner Büro der *Allgemeinen Jüdischen Wochenzeitung*. Heinz Galinski, der inzwischen Vorsitzender des *Zentralrates der Juden in Deutschland* ist, stellt mich ein, damit ich »frischen Wind« in die angestaubte Berlinseite der Zeitung bringe. Ich kündige noch in der Probezeit, enttäuscht von der Zensur und dem Zwang zur Hofberichterstattung.

In die Jüdische Gemeinde zieht mich danach kaum etwas. Nur aus Zeitungen erfahre ich, dass sich die West- und Ostgemeinde vereinigen – dass Zehntausende Juden aus der ehemaligen Sowjetunion nach Deutschland einreisen und gesetzliche Einwanderungsmöglichkeiten für sie geschaffen werden, dass sich die Zahl der Berliner Gemeindemitglieder mit den Neuzuwanderern von 6000 vor dem Fall der Mauer auf 12000 bis Mitte der 90er Jahre verdoppelt. Dem Gemeindebulletin entnehme ich, dass ihre soziale Integration oberste Priorität genießt. Doch von den neuen Mitgliedern bekomme ich lange kaum etwas mit. Im Gemeindebulletin lese ich über eine oppositionelle Liste, die zu den Gemeindewahlen antritt. Ich kann mich jedoch nicht entschließen, zu ihren Treffen zu gehen. Das liegt unter anderem an den Feindseligkeiten zwischen ihr und der Galinski-Liste, die zunehmend auch die Mitteilungen des Gemeindebulletins bestimmen. Mir missfällt der polemische Ton, der sich zunächst gegen Galinski richtet und dann nach seinem Tod 1992 in gleichem Maße gegen seinen Nachfolger Jerzy Kanal.

Zu den Treffen der *Jüdischen Gruppe* gehe ich nur noch selten. Das liegt an einer Debatte über die Zukunft der Gruppe. Erfolglos setze ich mich dafür ein, dass sie sich statt den ewig wiederkehrenden Themen – Protest gegen die Gemeinde, Protest gegen den Antisemitismus, Protest gegen die Politik Israels – künftig verstärkt den Inhalten der jüdischen Religion von einem modernen Standpunkt aus zuwendet. Außer mir wünschen dies auch einige andere der jüngeren Mitglieder. Zusammen mit Ian Leveson stelle ich eine Liste von möglichen Themen auf. Als Erstes laden wir Eveline Goodman-Thau in die Gruppe ein. Zu dem Treffen kommt jedoch nur eine Handvoll Leute. Die älteren Mitglieder, die tragenden Säulen, geben mit ihrem Schweigen aus der Ferne zu verstehen, eine religiöse Entwicklung der Jüdischen Gruppe rundweg abzulehnen.

Der jüdisch-feministische »Schabbeskreis«, den unter anderem Jessica Jacoby gegründet hat, in den ich gern aufgenommen würde, bleibt mir verschlossen. Wahrscheinlich hätte ich ohnehin nicht in die Gruppe gepasst, sie möglicherweise sogar gesprengt, da sie vor allem den Antisemitismus in der Frauenbewegung und das Lebensgefühl der traumatisierten »zweiten Generation« zur Sprache bringt – zwei Themen, die mir in diesen Jahren immer ferner werden.

1992 zeigt der Gropius-Bau die umfangreiche Ausstellung *Jüdische Lebenswelten*, die Andreas Nachama mit organisiert hat – und die ein erstes Anzeichen dafür ist, dass Judentum nicht mehr nur allein als eine Geschichte von Verfolgung und Vernichtung wahrgenommen wird, sondern auch als eine Geschichte kulturellen Reichtums über Jahrhunderte hinweg. Ich verbringe einige Stunden in der Ausstellung – betrachte die Exponate jedoch eher mit einem zeitgeschichtlich eingestellten Blick als mit dem Interesse, das Ausgestellte auf meine Gegenwart zu beziehen. Ähnlich ist es mit den alljährlichen Jüdischen Kulturtagen im November, die neuerdings das jüdische Leben einer bestimmten Stadt zum Thema haben – Los Angeles, Paris oder Jerusalem: Städte, die ein ungleich intakteres und reichhaltigeres jüdisches Leben aufzuweisen haben als Berlin.

Aufgrund meines Traumes beschließe ich, in der Berliner Jüdischen Gemeinde aktiv zu werden. Ich würde dabei aber von vornherein keine Rücksicht auf Tabus nehmen und *das* Thema einbringen, das sich offensichtlich seit Jahren wie ein roter Faden durch mein Leben zieht: religiöse Erneuerung.

Was dies inhaltlich für die Berliner Gemeinde heißt, kann ich noch nicht genau sagen. In jedem Fall aber bedeutet es, mit neuen Ansätzen den Kultusbetrieb – die Synagogen, die Rabbiner, die Gottesdienste – herauszufordern.

Kurz darauf lädt die Gemeinde zu einer ersten »Gemeindeversammlung« ein. Der Vorstand will Rechenschaft über seine Arbeit ablegen, die Mitglieder können kritische Fragen stellen. Die Einladung wird von den Mitgliedern als Anzeichen einer überfälligen Demokratisierung der Gemeinde verstanden und ist offensichtlich dem Druck der oppositionellen Liste in der »Repräsentantenversammlung«, dem Gemeindeparlament, zu verdanken.

Ich nehme die Gelegenheit wahr – auch um zu erfahren, was überhaupt die derzeitigen Themen sind. Als ich den mehrere hundert Menschen fassenden, großen Gemeindesaal betrete, erkenne ich erstmals das Ausmaß der russischsprachigen Zuwanderung. Anders als bei früheren Veranstaltungen fühle ich mich nicht mehr wie bei einem Familientreffen. Die Mehrheitssprache ist jetzt Russisch. Vorne am Pult überträgt eine Übersetzerin alle Redebeiträge. Die fortwährenden, durch die Übersetzung erforderlichen Unterbrechungen des Redeflusses verwandeln die ursprünglich enthusiastisch begrüßte Versammlung in einen sich quälend dahinschleppenden Abend. Allein schon im Zwang zur Übersetzung vernehme ich die neue Macht der Zuwanderer, die jede Veranstaltung lahmlegen kann. Die Stimmung ist geladen. Im Raum steht die immer wiederkehrende Frage: Was tut ihr für uns? Gemeint ist: Was tun die sogenannten »Alteingesessenen«, aus denen sich die Repräsentantenversammlung fast ausschließlich zusammensetzt, für die soziale Integration der Neuzuwanderer aus der ehemaligen Sowjetunion? Diese Frage vermag alle anderen Fragen zu verdrängen. Hilflos versuchen die Gemeinderepräsentanten dem Publikum klarzumachen, dass sie für die deutschen Gesetze nicht verantwortlich sind, die verhindern, dass dieser oder jener eingebürgert wird, dass dieser oder jener eine seiner vorherigen Existenz entsprechende Stelle findet, ja dass ehemalige Ärzte, Wissenschaftler oder Kombinatsleiter nicht mehr auf das Sozialamt angewiesen wären.

Wenngleich gedämpft, jedoch durchgängig wahrnehmbar ist die Aggressivität zwischen der von Jerzy Kanal angeführten Mehrheitsliste *Liberal-Jüdischer Block* und der von Moishe Waks angeführten oppositionellen *Demokratischen Liste.* Wenig später würden die Animositäten in Immobilienskandalen explodieren, die im Jahre 1996 die Schlagzeilen über die Berliner Jüdische Gemeinde bestimmen und in deren Mittelpunkt Gemeinderepräsentanten stehen, die sich – so die Anschuldigung – auf Kosten von Holocaust-Opfern bereichern wollen.

In dem Menschengewimmel, in dem ich zunächst Schwierigkeiten habe, überhaupt jemand Bekanntes auszumachen, sehe ich plötzlich in einer der Sitzreihen Lara Dämmig. Wie vor nunmehr acht Jahren in der Synagoge Rykestraße setze ich mich neben sie. Unser herzliches Wiedersehen kontrastiert mit der Stimmung im Saal und den uns kaum etwas angehenden Themen. In einer der langatmigen Übersetzungssequenzen erzählt sie mir, dass sich am kommenden Schabbat ein »Egalitärer Minjan« in einer Privatwohnung im Ostteil der Stadt trifft. Ob ich nicht Lust hätte, auch zu kommen?

Ein *Minjan* bezeichnet üblicherweise eine Gruppe von zehn Männern, die als Minimum für einen jüdischen Gottesdienst erforderlich sind. Traditionell werden Frauen nicht im *Minjan* mitgezählt. Traditionell sitzen Frauen im Gottesdienst getrennt von den Männern und werden nicht zur Tora-Lesung aufgerufen. Sie üben auch sonst auf der *Bima*, dem Podest, und vor dem *Aron Hakodesch*, dem Toraschrein, keine Funktion aus. Rabbiner und Kantoren sind traditionell Männer, ebenso wie die *Gabbaim*, die Mitglieder des Synagogenvorstandes. Traditionell tragen nur Männer den *Tallit*, den weißen Gebetsschal mit den schwarzen oder blauen Streifen und den Fäden an den vier Ecken, in die der gematrische Wert der 613 Gebote der Tora eingeknotet ist. Und traditionell legen an den Wochentagen, wenn sie es denn tun, nur Männer die *Tefilin*, die schwarzen Gebetsriemen, um den Arm und über die Stirn.

Ein *Minjan* mit dem Atribut »egalitär« gibt jedoch sofort zu verstehen, dass hier auch die Frauen all dies tun, dass sie gleichberechtigt mitgezählt werden und in jeder Hinsicht gleichberechtigt die jüdische Kultpraxis ausüben. Vor vielen Jahren habe ich in Israel am reformjüdischen *Hebrew Union College* eine Frau im *Tallit* gesehen – danach nicht wieder, außer auf Fotos von amerikanischen Gottesdiensten. Mein Schock beim Anblick dieser in einen *Tallit* gehüllten betenden Frau ist noch nicht ganz verklungen, wenngleich ich als jüdische Feministin natürlich dafür eintrete, dass Frauen auf allen Gebieten des Judentums gleichberechtigt sein müssen, also auch den *Tallit* tragen können. Als beim Treffen des *Egalitären Minjan* in Salomea Genins Wohnung die Frauen wie selbstverständlich ihre *Tallitot* aus den Taschen ziehen, spüre ich, wie tief das Tabu noch in mir sitzt. Es werden Kopien mit der *Bracha* für das Umlegen des *Tallit* verteilt. Die Frauen stehen ebenso wie die Männer auf, breiten das Stück Stoff vor sich aus, umhüllen damit zunächst den Kopf, sprechen die *Bracha* und legen schließlich den *Tallit* über die Schultern.

»Kommen dir Frauen mit *Kippa* und *Tallit* nicht auch ein bisschen wie Travestie vor?«, würde ich später Lara fragen. Und Lara würde meine Frage abtun: »Die Männer setzen die *Kippa* einfach auf, ohne groß nachzudenken. Aber wir Frauen zermartern uns den Kopf, ob wir das überhaupt *dürfen*!« Die Schwelle ist trotzdem noch hoch. Natürlich würde auch ich mir bald einen Gebetsschal kaufen. Aber es bedarf einiger Zeit, bis ich in meinen *Tallit* »hineinwachse« und ihn selbstbewusst in der Öffentlichkeit tragen kann.

Die Frauen sind im *Egalitären Minjan* in der Mehrheit. Ihre Gesichter sind mir teilweise von meinen damaligen Ausflügen ins Ostberliner jüdische Leben bekannt, ebenso von jüdischen Aktivitäten im Westteil der Stadt. Es sind aber auch zwei bis drei mir unbekannte Amerikanerinnen dabei, die, wie ich erfahre, schon länger in Berlin leben. Eine von ihnen, Susan Dembitz, hat diesen *Egalitären Minjan* mit initiiert. Das geschieht nach den Jüdischen Kulturtagen, die sich der Stadt Los Angeles widmen. Die feministische Rabbinerin Laura Geller von der *Reform Congregation »Temple Emanuel«* ist zu einer Podiumsdiskussion eingeladen, bei der auch ich im Publikum sitze, anschließend jedoch mit dem Gefühl des Bedauerns nach Hause gehe, da mir ein weiteres Mal vor Augen geführt worden ist, wie reich und lebendig das Judentum andernorts ist und mit welchem Mangel wir in Deutschland leben. Am Rande der Veranstaltung sprechen jedoch Susan und einige andere Frauen Rabbinerin Geller an: Was könne man tun, um das jüdische Leben in Berlin mit ähnlichen Impulsen anzufachen, wie sie in den USA schon seit Jahrzehnten gang und gäbe sind? Da das Anliegen von Frauen vorgetragen wird, empfiehlt Geller, eine *Rosch-Chodesch*-Gruppe zu gründen. Der *Rosch Chodesch* ist der Neumond. Zu talmudischen Zeiten ist er ein Feiertag für Frauen gewesen. In den 70er und 80er Jahren haben sich in den USA unzählige *Rosch-Chodesch*-Gruppen für Frauen gebildet, in denen sie über weibliche Erfahrungen im Judentum diskutieren, die in den traditionell patriarchalischen Strukturen kaum Platz haben. Sie erarbeiten Grundlagen für ein egalitäres und feministisches Judentum, verweben die althergebrachte Tradition mit dem Zeitgeist der Gegenwart zu einer modernen, attraktiven und pluralistischen Religion.

Die Berliner *Rosch-Chodesch*-Gruppe existiert schon seit einigen Monaten. Verschiedene Frauen – Deutsche, Amerikanerinnen und eine Russin – treffen sich zu Beginn des jüdischen Monats und diskutieren über revolutionäre ebenso wie über klassische jüdische Frauenthemen: Sie lesen gemeinsam den Bestseller der orthodoxen amerikanisch-jüdischen Feministin Judith Plaskow *Und wieder stehen wir am Sinai*, lernen, wie man *Challa* backt oder aber die *Zizit* des *Tallit* knotet.

So harmlos das gemeinsame Ansinnen erscheint – dass Frauen gleichberechtigt mit Männern beten –, so bahnbrechend ist es dennoch für eine Erneuerung jüdischen Lebens in Deutschland. Der *Egalitäre Minjan* hat eine Sammlung von Gebeten auf Kopien zusammengestellt. Viele stammen aus amerikanischen *Sidurim*, vor allem aus dem Gebetbuch der »rekonstruktionistischen« Bewegung, aber auch aus anderen Quellen. Bislang kenne ich nur den orthodoxen *Sidur Sefat Emet* mit seinen für mich undurchschaubaren groß und klein gedruckten hebräischen Bleiwüsten. Die Kopiensammlung des *Egalitären Minjan* macht hingegen von vornherein die Struktur des Gottesdienstablaufes ersichtlich: seine unterschiedlichen Partien, Schwerpunkte und Inhalte, was wann und warum gemacht wird. Stets sind mehrere Möglichkeiten angegeben – insbesondere in Bezug auf die Anrede Gottes. Ich kenne nur: *Baruch ata adonaj elohejnu melech ha'olam* – »Gesegnet bist du Herr, unser Gott, König der Welt«. Aber hier stehen Alternativen wie: *Brucha at Jah schechina ruach chej ha'olamim* – »Gesegnet bist du Jah, [weibliche] Einwohnung Gottes, Geist des Lebens der Welten«. Hier wird in den Segenssprüchen nicht nur der »Gott der Väter« – Abraham, Isaak und Jakob – angerufen, sondern genauso der »Gott der Mütter« – Sarah, Rebekka, Lea und Rachel; hier wird mit weiblichen, aber genauso mit männlichen Formeln experimentiert; hier sind einige Gebete neu übersetzt, die Gott weniger als »Herrscher« beschreiben denn als Quelle von Leben spendenden Attributen wie »erweckend«, »Licht spendend«, »mitleidsvoll«, »gestaltend«, »gebend« oder »wegweisend«; hier werden außerdem Lebensrealitäten benannt, die für einen orthodoxen *Sidur* undenkbar wären, wie z. B. ein »Coming-out-Gebet« für Lesben und Schwule. Letzteres hält nicht nur die Betroffenen dazu an, sich selbst, so wie man ist, als ein von Gott geschaffenes Geschöpf anzuerkennen. Es appelliert an alle, sich nicht den anderen zuliebe zu verstellen.

Der Gottesdienst des *Egalitären Minjan* wird von den Mitgliedern selbst gestaltet – stets zu zweit nach einem System, das in möglichst kurzer Zeit so viel Wissen wie möglich verbreitet. Wer neu ist, muss bald selbst einen Gottesdienst leiten – jedoch zusammen mit einer Person, die das schon einmal getan hat und sich inzwischen in der Liturgie auskennt. Das verhindert, dass Menschen nur passiv teilnehmen. Auf diese Weise bekomme ich kurz darauf die Liturgie von Lara beigebracht.

Und noch etwas ist in diesem *Egalitären Minjan* grundlegend anders, als ich es von den Gottesdiensten in den Synagogen her kenne. Eigene Ideen sind gefragt. Wer ein neues Lied, eine andere Übersetzung oder überhaupt einen neuen Gedanken in die Liturgie einführen will, kann und soll dies tun. So liest uns Lara eines Tages ein Gebet der Gründerin des *Jüdischen Frauenbundes* in Deutschland, Bertha Pappenheim (1859–1936), vor. Das Gebet hat Pappenheim 1935, im Jahr der Nürnberger Rassegesetze, geschrieben. Als wir es hören, entsteht ein betroffenes Schweigen.

Anruf

Mein Gott, du bist kein Gott der
Weichheit, des Wortes und des Weihrauchs,
kein Gott der Vergangenheit. Ein Gott
der Allgegenwart bist du. Ein fordernder
Gott bist du mir. Du heiligst mich mit
deinem »Du sollst«; du erwartest meine
Entscheidung zwischen Gut und Böse; du
verlangst, dass ich beweise, Kraft von
deiner Kraft zu sein, zu dir hinauf
zu streben, andere mitzureißen, zu
helfen mit allem, was ich vermag.
Fordere, fordere, damit ich jeden
Atemzug meines Lebens in meinem
Gewissen fühle, es ist ein Gott.

Es ist nicht nur der dramatisch anklingende NS-Horizont, der jäh einen Nerv in uns allen trifft. Es ist auch die starke religiöse Sprache – in Deutsch. Wir bekommen plötzlich eine Ahnung davon, dass wir eine *eigene* Tradition haben, mit der wir uns verbinden können, dass wir nicht stets in die amerikanischen *Sidurim* zu schauen brauchen, sondern dass wir auf einem eigenen Boden stehen und auf diesem weitere Schritte gehen können.

Die Aussicht, von nun an regelmäßig in dieser Gruppe zu beten, ist für mich zunächst nicht frei von Ambivalenz. Ich kann durchaus beten – unfestgelegt, mit einer Mischung von vorgegebenen Texten im *Sidur* und meiner eigener Sprache. Mich auf das festgelegte Gerüst der jüdischen Liturgie einzulassen, ja sogar als »Vorbeterin« die anderen durch den Gottesdienst zu leiten und dabei die Verantwortung für das Ganze zu tragen, rührt in mir an empfindliche Grenzen. Die Tora zu lesen und aus meiner eigenen Sicht zu interpretieren ist etwas anderes – ein intellektuelles Vergnügen. Aber ein Gebet öffentlich zu sprechen, dabei die vorgesehenen Verbeugungen zu machen, also physisch das Gesprochene zu bekräftigen, bedeutet, mich in eine Sphäre zu begeben, in der ich noch durch und durch verklemmt bin und nicht im Entferntesten den aufscheinenden Funken einer Freiheit ausmachen könnte. Ich nehme an, dass alle Mitglieder des *Egalitären Minjan* auf die eine oder andere Weise mit sich gekämpft haben. Niemand von uns – zumindest der in Deutschland Geborenen – ist mit regelmäßigen jüdischen Gottesdiensten aufgewachsen. Aber ich lasse mich, wie auch die anderen, darauf ein – mit einer von irgendwoher sprechenden Einsicht, dass man irgendwo, egal wo, anknüpfen muss. Den Gottesdienst kennen wir alle, seine Liturgie ist ein allen bekannter Anhaltspunkt. Ob es beim Gottesdienst bliebe oder ob sich daraus wieder neue Wege erschlössen, würden uns die Zeit und die Praxis zeigen.

Abgesehen von vielen Liedern und Melodien lerne ich nach und nach das dialogische Prinzip des jüdischen Gottesdienstes verstehen – das »Anrufen« Gottes durch das *Barchu* (»Lasst uns segnen«) sowie die zwei nachfolgenden *Brachot*, die Gott als Schöpfer und als Quelle der Gerechtigkeit benennen, gefolgt von der »Antwort« des *Schema*: »Höre Israel, *JHWH* unser Gott, *JHWH* ist eins.« Letzteres wird häufig als »Bekenntnis der Einigkeit Gottes« bezeichnet. Je mehr ich jedoch eine Einstellung zur jüdischen Liturgie gewinne, desto mehr merke ich, wenn ich im *Egalitären Minjan* den Gottesdienst leite, dass das in der Praxis gesprochene *Schema* kein »Bekenntnis« oder »Glaube«, sondern eine *Handlung* ist. Sie *einigt* den Gottesnamen. Die sefardischen Juden haben hierfür eine besondere *Bracha*: »J-H in W-H zu vereinigen«, auch *Jichud Haschem* (»Einigung des heiligen Namens«) genannt. Bei einem guten Gottesdienst, der die Anwesenden durch die verschiedenen Gebetsstationen führt, geschieht die Einigung aller persönlichen Potentiale und Motivationen sowohl in einem selbst als auch mit den anderen im Raum als auch mit Gott, der in sich eins ist. Diese stets eine Gemeinschaft stiftende Richtung spiegelt sich in den anderen jüdischen Gebeten wider, die fast alle in der »Wir-« und selten nur in der »Ichform« verfasst sind. Somit dient die jüdische Liturgie keiner frommen Demut und schon gar nicht einer Unterwerfung, sondern trägt eine innere Dynamik in sich, die ein Maximum an persönlicher Entfaltung und dabei zugleich ein Maximum an gegenseitiger Anteilnahme bewirken kann, ausgedrückt in dem oft genannten Wort: *Kol Jisrael arevim se base* – »Ganz Israel sind Bürgen, der eine bürgt im anderen«.

Einige Zeit nach der Gründung des *Egalitären Minjan* entsteht in Berlin durch die Initiative von Miriam Marcus und Sigalit Meidler eine zweite »egalitäre« Gruppe: der *Gleichberechtigte Gottesdienst*. Auch hier sitzen Frauen und Männer zusammen. Im Vergleich zum *Egalitären Minjan* ist dieser Gottesdienst traditioneller, experimentiert nicht mit der Liturgie, benennt jedoch im Gebet die »Mütter« gleichberechtigt neben den »Vätern«. Hier tut sich schnell Gesa Ederberg als Vorbeterin hervor, eine Studentin der Judaistik, die wenige Jahre später in Jerusalem am »konservativen« *Solomon Schechter Institute of Jewish Studies* als Rabbinerin ordiniert wird.

Die Jüdische Gemeinde stellt sich der neuen Entwicklung nicht entgegen. Zusammen mit Sigalit Meidler besuche ich den Vorsitzenden, Jerzy Kanal, der uns Räumlichkeiten in der Gemeinde zur Verfügung stellt. Um sich gegenseitig keine Konkurrenz zu machen, zumal sich beide Gruppen hinsichtlich ihrer Mitglieder überschneiden, trifft sich der *Egalitäre Minjan* alle drei Wochen morgens zum Schabbat-Morgen, der *Gleichberechtigte Gottesdienst* einmal im Monat freitagabends zum *Kabbalat Schabbat*. Regelmäßig zum Neumond kommt überdies die *Rosch-Chodesch*-Gruppe zusammen. Ich gehöre allen Gruppen gleichzeitig an, treffe Menschen wieder, wie Ian Leveson aus der *Jüdischen Gruppe*, Moishe Waks aus der oppositionellen *Demokratischen Liste* oder verschiedene Mitglieder der in der Gemeinde sehr engagierten Familie Marcus. Genauso lerne ich neue Menschen kennen, etwa die Bildhauerin Rachel Kohn, die zugleich in der Berliner Dependance der jüdischen Hilfsorganisation *La Benevolencia* in Sarajewo aktiv ist, und ihren Mann, Jacky Schenavsky, der später zu den tragenden Säulen der Synagoge Oranienburger Straße gehört. Unsere egalitären Gottesdienste ziehen aber auch Förderer aus dem »Mainstream« der Gemeinde an, z. B. das amerikanische Diplomatenehepaar Carol und Joel Levy. Ebenso gestattet der Kantor der traditionellen Synagoge Rykestraße, Oljean Ingster, einen vom *Egalitären Minjan* gestalteten *Kiddusch* in »seiner« Synagoge.

Ähnliche Entwicklungen geschehen auch in anderen deutschen Städten. Schon vor dem Berliner *Egalitären Minjan* hat sich in Frankfurt am Main durch die Initiative unter anderem von Susanna Keval, Micha Brumlik, Petra Theilhaber und Doron Kiesel eine Gruppe mit dem Namen *Kehilla Chadascha* (»Neue Gemeinde«) gegründet, die ebenfalls egalitäre Gottesdienste abhält. Sie lädt Mitte 1995 zu einer historischen Tagung nach Arnoldshain ein. Dort treffen sich aus ganz Deutschland Engagierte der entstehenden jüdischen Erneuerungsbewegung. Ich lerne Menschen aus der vor nicht langer Zeit in München gegründeten Reformgemeinde *Beth Schalom* (»Haus des Friedens«) kennen, ebenso Mitglieder einer von der Heidelberger Gemeinde abgespalteten Gruppierung oder vom *Jüdischen Forum* in Köln, aus dem die liberale und unabhängige Gemeinde *Gesher LaMassoret* (»Brücke zur Tradition«) hervorgeht, oder aber Aktive aus der Jüdischen Gemeinde in Hannover, die sich bald ebenfalls abspalten und eine eigene »progressive Gemeinde« errichten werden. Verschiedene Mitglieder der Gemeinden Oldenburg und Braunschweig sind gekommen, die als Einzige eine Rabbinerin haben. Die Schweizerin Bea Wyler ist unlängst am konservativen *Jewish Theological Seminary* in New York ordiniert worden und erhält als erste Frau nach der *Schoa* eine Anstellung als Gemeinderabbinerin in Deutschland. Ebenfalls anwesend ist der liberale Rabbiner Henry Brandt, der vor nicht allzu langer Zeit bei einem *Simchat-Tora*-Gottesdienst einen »Skandal« verursacht hat, weil er mit den Tora-Rollen auch zu den Frauen in der Synagoge gegangen ist.

Das alle verbindende Gesprächsthema ist die Dominanz der »nichtobservanten Orthodoxen«, womit die Mehrheit der Gemeindemitglieder gemeint ist. Zwar leben sie kaum mehr die jüdische Religion, genießen jedoch die Definitionsmacht. Sie verwahren sich einer Erneuerung, ohne selbst die althergebrachte Tradition zu praktizieren, und verursachen somit eine Erstarrung des jüdischen Lebens.

Der Schabbat-Morgengottesdienst während der Arnoldshainer Tagung soll für mich Folgen haben. Es ist mein alter Freund Andy Steiman, den ich seit dem Eklat um das Fassbinder-Stück in Frankfurt kenne, der als *Ba'al Kerija* den Tora-Abschnitt *lejnt*. Bis dahin habe ich nur selten eine Tora-Lesung in einer Synagoge erlebt, in der ich etwas vom Text verstanden hätte. In den traditionellen Synagogen habe ich stets von der Frauenempore aus beobachtet, wie sich mehrere in große *Tallitot* gehüllte Männer über das Pult beugen und einer in ihrer Mitte in einem unverständlichen und oft viel zu leise vorgetragenen Sprechgesang monoton, ohne Hervorhebungen, ja scheinbar ohne Punkt und Komma etwas aus der aufgerollten Tora vorträgt, was nur davon unterbrochen wird, dass ein anderer Mann in hebräischen Formeln nach vorne gerufen wird, wieder ein anderer dafür abtritt und man eine *Bracha* für das Fortsetzen der Lesung spricht. Diese Art von Lesung erwarte ich auch jetzt von Andy.

Doch Andy macht Fehler beim Lesen – er verspricht sich, braucht manchmal einen Moment, um ein Wort zu entziffern, und korrigiert sich. Das ist keine Kritik. Es kann an der für ihn ungewohnten Tora-Rolle liegen, an einer nur schwer lesbaren Schrift, wenn z. B. die Buchstaben zu eng aufeinander geschrieben sind. Da Andy kein Wort übergeht, nichts verschluckt oder in einem Geräuschebrei untergehen lässt, sondern sich darum bemüht, jedes Wort korrekt auszusprechen, so dass es für alle im Raum zu hören ist, verstehe ich nicht nur den gesamten Text einer Tora-Lesung, sondern denke plötzlich:

Das kannst du auch! Ich beschließe, *Lejnen* zu lernen.

Kein perfektes *Lejnen* hätte vermocht, was Andys Versprecher und Berichtigungen vermögen.

Die Arnoldshainer Tagung endet mit dem Beschluss, eine Vereinigung zu gründen, durch die alle neuen Initiativen und Gruppierungen eine Plattform erhalten. Wenige Monate später trifft sich ein kleinerer Kreis in Göttingen, wo Eva Tichauer-Moritz Vorsitzende einer ebenfalls neu gegründeten liberalen Gemeinde ist. Auch ich nehme an dem Treffen teil. Mit Hilfe des Juristen Axel Azzola entsteht die *Vereinigung reformjüdischer und liberaler Gruppierungen und Gemeinden in Deutschland*. Der Aufbruch ist nicht nur auf Deutschland beschränkt. Ungefähr zur gleichen Zeit gründet sich in Amsterdam die Gemeinde *Beit Ha'Chidush* und in Prag *Beit Simcha*. In Wien entsteht *Or Chadash* und in Warschau *Beit Warszawa*.

Über das Gründungstreffen in Göttingen legen sich jedoch auch Schatten. Sie sind eine Folge der Denominationen, die in den USA zwischen dem konservativ-liberalen und dem progressiven Reformjudentum unterscheiden. Ich selbst kann die Tragweite der Unterschiede zu diesem Zeitpunkt noch kaum ermessen. Ich weiß zwar, dass beide Richtungen »liberal« sind, dass in beiden Frauen Rabbinerinnen sein können, sich beide um eine zeitgemäße, moderne Religionspraxis bemühen und dass sich die »Konservativen« von den »Reformjuden« im 19. Jahrhundert gelöst haben, weil für sie die *Halacha* maßgeblich geblieben ist, während die Reformjuden eine universelle Ethik zum Ausgangspunkt gemacht haben. Ich hätte jedoch nicht damit gerechnet, dass die unterschiedlichen Wege, die in den USA zu Gemeinden »konservativer« oder aber »reformjüdischer« Couleur geführt haben, nunmehr eine spalterische Wirkung auf die gerade erst entstehende Erneuerungsbewegung in Deutschland entfalten würden. In Göttingen kündigen die Gemeinden Oldenburg und Braunschweig an, dass sie sich der neuen Vereinigung nicht anschließen werden, da sie keine offizielle Verbindung mit dem Reformjudentum eingehen wollen.

Die ersten dunklen Wolken am Horizont ziehen jedoch schon während des ersten Treffens in Arnoldshain auf. Dort machen sich unterschiedliche Interessen bemerkbar. Einige der Anwesenden drängen auf eine rasche Institutionalisierung, durch die insbesondere ein liberales *Bet Din* in Deutschland möglich würde. Da kurz darauf die Gemeinden Oldenburg und Braunschweig mit ihrer Rabbinerin auf Distanz gehen, rückt vorläufig auch die Errichtung eines *Bet Din* in die Ferne. Darüber hinaus spielen Machtambitionen eine Rolle, die ich zunächst unterschätze. Einige wünschen sich ein Instrument, mit dem man Politik gegen das bestehende Establishment – gegen den *Zentralrat*, gegen die Institution der vom orthodoxen Judentum dominierten »Einheitsgemeinde« und gegen die Rabbinerkonferenz – machen könnte. Dadurch entsteht ein Druck, der die Entwicklung möglicherweise vorschnell in Bahnen kanalisiert, in denen eine unbefangene Diskussion darüber, wer man ist und was man will, nicht mehr möglich ist. Ich merke nicht, dass jüdische Organisationen wie die in New York ansässige Vertretung des Reformjudentums, die *World Union for Progressive Judaism*, das keimende Pflänzchen in Deutschland sehr wohl beobachten. 1997 bildet sich eine *Union progressiver Juden in Deutschland, Österreich und der Schweiz*, in der die zwei Jahre zuvor gegründete *Vereinigung reformjüdischer und liberaler Gemeinden und Gruppierungen* aufgeht. Eine große Mehrheit begrüßt diesen Schritt, der fortan eine enge Anbindung an die *World Union* bedeutet und zahlreiche Konfrontationen mit dem *Zentralrat der Juden in Deutschland* verursacht. Ein Teil kann sich jedoch nicht für das Reformjudentum entscheiden und steigt aus. Auch mir ist dies alles zu schnell gegangen. Statt dem machtpolitischen Sog der amerikanischen Denominationen zu erliegen, hätte ich mir eine längere Phase für inhaltliche Diskussionen gewünscht, in denen wir ein liberales Judentum entwickeln mit unseren eigenen Akzenten, aufgrund unserer eigenen Erfahrungen als Juden in Deutschland – und bei dem ich nicht die alten, eher orthodox eingestellten Damen aus Riga und Tschernowitz, mit denen ich auf der Frauenempore der Düsseldorfer Synagoge aufgewachsen bin, um einer modernen Ideologie willen opfern müsste.

Noch vor den verschiedenen Richtungen der Religion bleibt Judentum für mich – gerade in Deutschland – in erster Linie eine Schicksals- und Solidargemeinschaft.

Die *World Union for Progressive Judaism* ist jedoch nicht die einzige Organisation, die von außen in das hiesige Geschehen hineinwirkt. Sehr viel aktiver, wenn nicht gar aggressiver verhält sich zu diesem Zeitpunkt bereits die amerikanisch-chassidische *Chabad*-Bewegung, deren Emissäre in ganz Mittel- und Osteuropa systematisch die Jugendlichen anwerben und mit ihrer *Outreach*-Philosophie schleichend die Gemeinden übernehmen. Neben ihr hat auch die *Ronald S. Lauder Foundation* angefangen, durch Finanzhilfen den Wiederaufbau jüdischen Lebens in Mittel- und Osteuropa massiv zu bestimmen.

Vielleicht ist ein Wiederaufbau ohne diese Organisationen nicht möglich – das jüdische Selbstbewusstsein ist in Europa ein halbes Jahrhundert nach der *Schoa* immer noch sehr schwach. Abgesehen von dem noch nachwirkenden Trauma haben die oftmals autoritären Strukturen in den Gemeinden verhindert, dass sich ein positives jüdisches Selbstbewusstsein hätte herausbilden können. Überdies haben die wenigen liberalen Rabbiner in den vergangenen Jahrzehnten zu wenig getan, um in der jüngeren Generation eine moderne Auffassung von der jüdischen Religion zu verankern. Nach wie vor stehen wir, wie ich meine, vor der Herausforderung, unsere Hausaufgaben selbst zu machen – unser Judentum in Deutschland, in Europa zu formulieren, uns auf unsere Erfahrungen und gelebten Wirklichkeiten zu beziehen und daraus jüdische Inhalte und jüdische Herausforderungen im Hier und Jetzt abzuleiten.

»Müssen Frauen dasselbe tragen wie Männer, um emanzipiert zu sein?«, frage ich selbst dann noch, als ich bereits in Micaela Weiss' Wohnung sitze und sie vor mir ihre Kollektion von *Tallitot* ausbreitet. Micaela lacht mich aus. »So ein Quatsch. Sieh dir doch die amerikanischen Jüdinnen an. Was du brauchst, ist ein *Tallit* für Frauen – einer mit Farben, die dir stehen und zu deinen anderen Kleidern passen!« So kaufe ich bei Micaela meinen ersten *Tallit*. Er hat grüne Streifen – dazu eine samtgrüne *Kippa* mit goldener Bestickung. Schon beim Anprobieren – während ich den Stoff mit den *Zizit* um die Schultern lege und in den Spiegel schaue – umhüllt mich das beglückende Gefühl, *tachat kanfej haschechina* – »unter die Flügel der *Schechina*« – zu treten.

Mittlerweile habe ich Unterricht bei László Pásztor, dem Kantor der Synagoge Pestalozzistraße, der mir – unter dem Versprechen, es vorläufig noch nicht an die große Glocke zu hängen – den *Trop* beibringt. Diesen lernen alle Jungen für ihre *Bar Mizwa*. Eine junge Frau in die Geheimnisse des Tora-*Lejnens* einzuweihen, ist immer noch ein Schritt über eine Schwelle – wenngleich »nicht verboten«, wie László immer wieder betont. Die Berliner Synagoge Pestalozzistraße ist eine der ganz wenigen Synagogen in Deutschland, in denen Mädchen schon seit langem eine *Bat Mizwa* machen können, jedoch nicht während des Schabbat-Morgengottesdienstes mit seinem Kernstück, der Tora-Lesung, sondern am Freitagabend. Zwar tragen sie dann die *Haftara* vor, werden jedoch künftig keine Gelegenheit mehr bekommen, ihre Fähigkeit noch einmal öffentlich zu demonstrieren. Denn so wie Frauen nicht zum *Minjan* zählen, werden sie auch in der liberalen Synagoge Pestalozzistraße nicht zu den Lesungen aufgerufen.

Schon im *Egalitären Minjan* wende ich meine durch László Pásztor neu erworbenen Fähigkeiten erstmals an und *lejne* das Stück Tora, das wir an diesem Schabbat lesen. Dort lege ich auch zum ersten Mal meinen *Tallit* um. Die anderen sprechen ein applaudierendes *Schehechejanu* – den Segen für das besondere Ereignis durch Gott, »der uns lebendig und beständig macht und uns diesen Moment erreichen lässt«. Meine erste große öffentliche Tora-Lesung habe ich kurz darauf in Arnoldshain bei der zweiten Tagung der *Vereinigung reformjüdischer und liberaler Gruppierungen und Gemeinden* 1996. Im Vorfeld bitte ich darum, beim Schabbat-Morgengottesdienst einen Teil der *Parascha* vortragen zu dürfen.

Es ist kein besonders eingängiger Tora-Abschnitt an diesem Schabbat. Er zählt die Völker auf, die sich bereits im Lande Kanaan befinden, in das die Israeliten nach 40 Jahren Wanderung in der Wüste nunmehr einziehen werden – und ordnet in recht grausamer Sprache deren Vertreibung an. Michael Lawton, der Kantor der Kölner liberalen Gemeinde *Gesher LaMassoret*, hat eine Tora-Rolle mitgebracht. Am Vorabend des Schabbat ruft er mich in einen kleinen Raum, in dem er die Tora-Rolle aufbewahrt, und will prüfen, ob ich der Herausforderung am kommenden Morgen gewachsen bin. Die Rolle liegt eingehüllt in einem Tora-Mantel auf dem Tisch. »Dann zeig mal, was du kannst«, sagt Michael. Erst jetzt wird mir bewusst, dass ich zwar *lejnen* kann, aber immer noch nicht den technischen Ablauf einer Tora-Lesung beherrsche. Also erklärt mir Michael, wie die sieben Personen zur *Alija* aufgerufen werden, wie die *Ba'alat Kerija* mit dem Tora-Zeiger die Textstelle zeigt – wie der oder die Aufgerufene die Stelle mit dem *Tallit* berührt, sie küsst, wie man die *Bracha* sagt, die Tora auf- und wieder zurollt, und wo der oder die Aufgerufene während der Lesung steht. Während Michael dies alles erklärt, hebt sich für mich ein großer Vorhang. Dahinter werden all die geheimnisvollen Handlungen der Männer vorne auf der *Bima*, denen ich als Nicht-Eingeweihte jahrelang nur von der Frauengalerie aus zugeschaut habe, nunmehr für mich durchschaubar.

Der Morgengottesdienst wird zum lang ersehnten Augenblick, in dem sich alle inneren Bewegungen in mir nur auf ein einziges Ereignis konzentrieren. Während Michael vorne die liturgischen Lieder und Melodien anstimmt, tritt ein Mann in den Saal und bleibt staunend über den Anblick einer Frau in *Tallit* und mit *Kippa* an meiner Stuhlreihe stehen. »Das habe ich noch nie gesehen«, sagt er und setzt sich neben mich. Es befinden sich ungefähr 150 Leute in dem zur Synagoge umfunktionierten Tagungssaal. Mein Nachbar und ich streiten ein bisschen, ob Frauen einen *Tallit* tragen »dürfen«, was mir etwas von meiner Nervosität nimmt. Alsdann singt Michael das Auftaktlied, das die Tora-Lesung ankündigt. Er nimmt die Tora in den Arm, geht an den Reihen entlang, damit die Anwesenden sie mit dem *Tallit* berühren. Der Mann neben mir scherzt: »Na, willst du sie nicht auch küssen?« Statt einer Antwort trete ich aus der Reihe, um Michael zur *Bima* zu folgen. »Was, du?«, fragt mich mein Nachbar. »Das ist historisch«, höre ich ihn noch hinter mir sagen, während ich schon auf dem Weg zur *Bima* bin.

Es sind höchstens zehn Meter, die ich zu gehen habe – aber ich empfinde im Zeitraffer noch einmal meinen ganzen Weg seit dem ersten Treffen meiner Hamburger »Frauen-*Jeschiwa*« in Michals Garten bis zu diesem Augenblick, da ich nunmehr an der *Bima* ankomme. Während ich die Tora aufrolle, fühle ich meinen *Tallit* auf den Schultern – nicht als ein Stück Stoff, sondern als mehrere Jahrtausende jüdischer Tradition, die jetzt auch auf meinen Schultern liegen und die ich als eine Verantwortung angenommen habe.

Bevor ich zu lesen anfange, sage ich noch ein paar Sätze. Es sei keine leichte *Parascha*. Manchmal im Leben dürfe man jedoch keine Rücksicht auf die anderen nehmen. Manchmal muss man einfach gehen – in sein eigenes Land gehen, ohne nach links und rechts zu sehen. Es gibt immer Menschen, die sich in den Weg stellen. Auf sie darf man in so einem Moment nicht hören. Wenn sie einen hindern, ist es sogar geboten, sie aus dem Sichtfeld zu vertreiben. So verstehe ich meine erste öffentlich vorgetragene *Parascha* – da auch ich heute in meinem Land ankomme.

Die erste Person wird aufgerufen. Es ist ein Bekannter aus Düsseldorf. Im Laufe der Lesung bewegen sich rechts und links von mir lauter Menschen, die mit mir das jüdische Leben der vergangenen Jahrzehnte in Deutschland geteilt haben. Mein »Ankommen« geschieht in ihrer Mitte. Es sind Juden aus Frankfurt, Hannover oder Heidelberg, aus Göttingen, Köln oder München, zum Teil kenne ich sie schon seit Jahren, zum Teil erst neuerdings.

Als ich nach der Lesung zu meinem Platz zurückgehe, stehen mehrere Menschen jubelnd auf und beglückwünschen mich:

Jaschar Koach! (»Viel Kraft!«). Mehrere Frauen haben Tränen in den Augen. Ich selbst auch. Zur Tagung ist auch Rabbiner Peter Levinson gekommen. Er sagt mir später: »Wenn dass die Lilo heute erlebt hätte. Sie würde platzen vor Stolz.«

Nach einigen Tagen erhalte ich mit der Post einen dicken Briefumschlag. Ruben Frankenstein, der im Gottesdienst neben mir gesessen hat, schickt mir mehrere Fotos von meiner Tora-Lesung. Er hat die Szene heimlich fotografiert. Es ist normalerweise untersagt, in einem Schabbat-Gottesdienst zu fotografieren. Als ich Ruben später frage, warum er das Verbot übertreten habe, sagt er: »Ich habe gesehen, dass dir dieser Moment alles bedeutet. Das wollte ich für dich festhalten.« Von den Fotos schicke ich Abzüge an verschiedene jüdische Zeitungen. Sie werden in den nächsten Monaten und Jahren immer wieder als symbolisches Bild für die Erneuerung jüdischen Lebens in Deutschland veröffentlicht.

Das Jahr 1996 wird auch mein Einstiegsjahr in das politische Gemeindegeschehen Berlins. Die Frauen der *Rosch-Chodesch*-Gruppe lesen die für *Schawuot* vorgeschriebene Lektüre: das Buch *Ruth*. Wir sind von unserer Diskussion über Frauen wie Naomi und Ruth noch ganz beflügelt, als Lara plötzlich von einer neuen Satzung für die Synagogenvorstände erzählt. Sie holt die letzte Ausgabe des Gemeindebulletins hervor, in dem die Mitteilung steht. Niemand von uns anderen liest das als »Vorstandsblatt« verpönte Bulletin, sondern wirft es meist ungeöffnet in den Papierkorb. Ohnehin sind die Mitteilungen darin uralt, weil es stets erheblicher Zeit bedarf, bis ihr Abdruck genehmigt ist. Aber Lara liest das Infoblatt – und liest uns jetzt vor, dass die Repräsentantenversammlung, das Gemeindeparlament, eine neue Satzung verabschiedet habe. Danach können in allen Berliner Synagogen nur Männer als *Gabbaim*, als Vorstandsmitglieder, gewählt werden. *Gabbaim* treffen Entscheidungen über die allgemeine Entwicklung der Synagoge und haben verschiedene Aufgaben im Gottesdienst. Sie wählen z. B. diejenigen aus, die eine *Alija* bekommen, und machen die Aufrufe. Die Repräsentantenversammlung hat schon vor Monaten für die neue Satzung abgestimmt. Die Wahlen sollen jedoch schon in wenigen Wochen stattfinden, ohne dass es dazwischen noch eine Sitzung des Gemeindeparlamentes gäbe, in der man die Satzung noch einmal ändern könnte.

Wir beschließen eine Unterschriftenaktion. Unsere Forderung ist, dass jeder Synagoge die Freiheit zugestanden werde, selbst zu entscheiden, ob nach ihrem Wahlmodus Frauen als *Gabbait* wählbar sind. Eine *Gabbait* wäre für eine orthodoxe Synagoge natürlich undenkbar. Aber was ist mit Synagogen, die einen liberalen Ritus praktizieren? Immerhin ist schon 1930 Martha Ehrlich in der Synagoge Rykestraße als erste *Gabbait* in Deutschland gewählt worden und hat zu dem Zeitpunkt eine Satzung in der Berliner Gemeinde existiert, nach der – je nach Ritus der Synagoge – auch Frauen wählbar sind. Steht nicht auch die liberale Synagoge Pestalozzistraße in dieser alten liberalen Tradition?

Wir verfassen in den folgenden Wochen ein Pamphlet und sprechen alle uns bekannten Frauen in der Gemeinde an – darunter auch die weiblichen Mitglieder der Repräsentantenversammlung, die Religionslehrerinnen, die Mitarbeiterinnen der verschiedenen Gemeindeabteilungen, die *WIZO*-Frauen sowie viele Ehefrauen von einflussreichen männlichen Persönlichkeiten – und haben nach nur wenigen Tagen schon mehr als 100 Unterschriften von namhaften Frauen. Die Unterschriftenaktion ist schnell in aller Munde. Verschiedene uns wohlgesinnte Gemeindemitarbeiterinnen legen die Listen in ihren Abteilungen aus. Der Vorsitzende der oppositionellen *Demokratischen Liste* ruft uns an, um uns seine Anerkennung für die Aktion zu zollen. Zwei Mitglieder der Repräsentantenversammlung schlagen uns ein Gespräch vor. Dabei erklären sie uns, dass die Zeit nicht mehr reiche, um vor den Wahlen eine nochmalige Diskussion zu führen. Aber unmittelbar danach werde man über eine mögliche Änderung der Satzung nachdenken. In der Tat sind bei den Wahlen zwei Jahre später – sofern die Beter der jeweiligen Synagoge dies mehrheitlich wünschen – auch Frauen wählbar. In den Synagogen Pestalozzistraße und Rykestraße wählen die Beter seitdem Frauen als »kooptierte« Vorstandsmitglieder. In der 1998 gegründeten egalitären Synagoge Oranienburger Straße, in der sich der *Egalitäre Minjan* und der *Gleichberechtigte Gottesdienst* vereinigt haben, werden Frauen von Anfang an als in jeglicher Hinsicht gleichberechtigte *Gabbajot* gewählt.

Der Erfolg unserer Unterschriftenaktion hat mich nicht nur von der Machbarkeit einer Erneuerung innerhalb der bestehenden Strukturen überzeugt – er hat mich auch ins politische Gemeindegeschehen geführt. Ich kenne jetzt die Mitglieder der oppositionellen *Demokratischen Liste* ebenso wie die vom regierenden *Liberal-Jüdischen Block*, viele Gemeindemitarbeiterinnen und aktive Mitglieder. Außerdem habe ich einen ersten Einblick in die Gemeindestrukturen gewonnen.

Unter dem Druck der *Demokratischen Liste* werden zu dieser Zeit die Listenwahlen abgeschafft und stattdessen Personenwahlen eingeführt. Damit soll mehr Transparenz geschaffen beziehungsweise den Gemeindemitgliedern mehr demokratische Verantwortung ermöglicht werden. Im darauffolgenden Mai 1997 können sie sich erstmals in der Geschichte der Jüdischen Gemeinde zu Berlin für einzelne Kandidaten und deren jeweilige Kompetenzen entscheiden.

Auch ich lasse mich zur Wahl aufstellen.

Im Vorfeld der Abstimmung sollen alle Kandidaten einen kleinen Text verfassen, in dem sie ihre Ziele für die Gemeinde darlegen. Dieser wird in einer Wahlbroschüre in deutscher und russischer Sprache an alle Mitgliederhaushalte verschickt. Es gibt zwei Themen, die in fast jedem Text vorkommen: mehr Gemeindedemokratie sowie die Integration der russischsprachigen Zuwanderer. Mein »Programm« hat jedoch andere Schwerpunkte. Ich plädiere für ein zukunftsorientiertes Judentum – ein Judentum, das am modernen Judentum vor der *Schoa* anknüpft und sich heute positiv in einem europäischen Kontext platziert; ein Judentum, das sich zu den gesellschaftspolitischen Fragen der Zeit äußert, nicht nur zum Antisemitismus, sondern auch zu den die Zeitungen beherrschenden Debatten über Gentechnologie, Klonen, Medizinethik oder Sterbehilfe; ein Judentum, in dem Gleichberechtigung zwischen Männern und Frauen selbstverständlich ist, in dem es Rabbinerinnen neben Rabbinern gibt; ein Judentum, das einen inneren Wandel wagt und dem jüdischen Leben in Deutschland und Europa eine lohnenswerte Perspektive aufzeigt.

Jeder Kandidat kann bei zwei Wahlveranstaltungen sein »Programm« vortragen, außerdem laden eine Reihe von jüdischen Vereinen, darunter die *WIZO*, zu weiteren Wahlveranstaltungen ein. Jede Veranstaltung, bei der ich auf dem Podium sitze, führt zu kontroversen Debatten – meistens darüber, ob Frauen nach der *Halacha* gleichberechtigt den jüdischen Ritus praktizieren »dürfen«. Mitunter treffen mich auch Verleumdungen, etwa dass ich einer Sekte, wie den »Jews for Jesus«, angehörte.

Von den insgesamt 55 Kandidaten werden 21 in die Repräsentantenversammlung gewählt. Ich schaffe es nicht, erreiche aber Platz 24, was ich für eine »Newcomerin« wie mich dennoch als einen Erfolg bewerte. Die Themen, die ich in den Veranstaltungen eingebracht habe, haben dem Ergebnis nach bei einem nicht zu unterschätzenden Teil der Wähler Anklang gefunden.

Als Wahlsieger und neuer Vorsitzender der Jüdischen Gemeinde geht Andreas Nachama hervor. Er bildet einen Vorstand, dem unter anderem auch Mitglieder der bislang oppositionellen *Demokratischen Liste* angehören. Es ist der erste Vorstand, der ausschließlich aus Juden besteht, die nach der *Schoa* geboren sind. Von ihm geht für viele Gemeindemitglieder, wie auch für mich, augenblicklich eine neue Signalwirkung aus.

Ich habe Andreas Nachama, den Sohn des berühmten Kantors Estrongo Nachama, erst kurz zuvor bei einer äußerst symbolträchtigen Begegnung kennen gelernt. Einen Tag vor den Wahlen veranstaltet der Jüdische Kulturverein einen Jüdischen Runden Tisch, zu dem verschiedene Gruppen aus Deutschland nach Berlin reisen. Irene Runge bittet mich, die Tora-Lesung während des Schabbat-Morgengottesdienstes zu übernehmen. Dort treffe ich zu meiner Überraschung auf Andreas Nachama. Er leitet den Gottesdienst. Zusammen stehen wir während der Lesung am Pult. Wieder macht einer im Saal unbemerkt ein »historisches« Foto, das Nachama und mir wenige Tage später zugespielt und uns die nächsten Jahre verbinden wird.

7. Rabbinerinnen

Europäische Rabbinerinnen? Wen wollt ihr denn da einladen? Es gibt doch außer Bea Wyler in Oldenburg und ein paar anderen in England gar keine. Euch wird nichts anderes übrig bleiben, als Rabbinerinnen aus Amerika nach Berlin zu holen.« Andreas Nachamas Kommentar echot mir noch hinterher, als Lara Dämmig, Rachel Herweg und ich abermals überlegen, ob eine europäische Rabbinerinnentagung in Berlin überhaupt möglich wäre. Seit 1995 ist Bea Wyler Rabbinerin in Oldenburg. Ansonsten wissen wir noch von der einen oder anderen Rabbinerin in Großbritannien, die am *Leo Baeck College* studiert hat. Aber sonst?

Wir bleiben dabei, dass wir eine europäische Tagung halten wollen. Israelinnen und Amerikanerinnen sind herzlich willkommen. Aber wir wollen ein eigenes Zeichen setzen – ein europäisches – und uns nicht wieder schlecht fühlen, wenn wir von den anderen gesagt bekommen, was uns alles in Deutschland, in Europa, fehlt – wie wir letzten Endes doch nur in Ruinen leben.

Es ist das Jahr 1998. Seit einigen Monaten bin ich Pressereferentin der Jüdischen Gemeinde zu Berlin. Ich arbeite eng mit dem neuen Vorsitzenden zusammen – erlebe eine historische Phase, in der Andreas Nachama neue Akzente setzt. Ein solcher Akzent ist das Gemeindemagazin *jüdisches berlin*, das ich als verantwortliche Redakteurin entwickelt habe und nunmehr leite. Erstmals schreibt nicht der Vorsitzende und auch nicht der Vorstand vor, was in dem Gemeindemagazin zu stehen hat, sondern bekommen die verschiedenen Gruppierungen und

Gemeindepersönlichkeiten darin ein Forum – orthodoxe Juden genauso wie liberale; deutsche, mittel- und osteuropäische Juden genauso wie die neuen Gemeindemitglieder aus den GUS-Staaten; religiöse Juden genauso wie säkulare; die alte Generation genauso wie die junge; *Schoa*-Überlebende genauso wie Veteranen der Roten Armee, Israelis genauso wie Amerikaner.

Der neue Geist trägt schnell Früchte. Es finden Menschen den Weg in die Gemeinde, die sich zuvor von ihr abgestoßen gefühlt haben. Eine seit noch nicht langer Zeit existierende Gruppe von jüdischen Intellektuellen: *Gesher – Forum für Diaspora-Kultur*, veranstaltet 1998 einen Kongress mit dem provokativen Titel *Galut 2000*. »Galut« ist das hebräische Wort für »Diaspora«. Die Vorträge finden im *Centrum Judaicum* statt, einstiges Wahrzeichen des deutschen Judentums vor der *Schoa* und Symbol der Renaissance jüdischen Lebens in Deutschland nach 1989. Es ist der erste Kongress, der allein schon im kühnen Unterton seines Titels die europäisch-jüdische Diaspora positiv versteht. Während des Kongresses spricht unter anderem Diana Pinto, eine Soziologin aus Paris, die dem Publikum die Herausforderungen für ein eigenständiges europäisches Judentum – gegenüber Israel und den USA – skizziert, ein Judentum, das die gesellschaftspolitischen Herausforderungen eines zusammenwachsenden Europas annimmt. Sandra Lustig und Ian Leveson, die maßgeblich an der Organisation dieses Ereignisses mitgewirkt haben, werden die Beiträge dieses Kongresses später in einem Buch herausgeben: *Turning the Kaleidoscope. Towards a European Jewish Identity*. Ich moderiere eine der Diskussionen und lerne eine Reihe von Menschen kennen, die in anderen europäischen Ländern versuchen, das jüdische Leben mit neuen Impulsen anzutreiben. Außerdem regt mich der Kongress an, eine Erneuerung jüdischen Lebens nicht nur unter religiösen, sondern verstärkt auch unter kulturellen und politischen Gesichtspunkten zu sehen.

Etwas länger gibt es schon die jüdische Künstlergruppe *Meshulash*. Im Rahmen der jährlichen Jüdischen Kulturtage lädt sie im November 1998 zu einer ersten großen avantgardistischen Ausstellung mit dem Titel *Davka! Jüdische Visionen in Berlin* ein. Anna Adam, Michael Frajman, Gabriel Heimler und Hartmut Bomhoff sind die treibenden Kräfte hinter diesem viel beachteten Ereignis, das seinen Ort im ehemaligen jüdischen Waisenhaus in Berlin-Mitte, dem *Ahawa*-Gebäude, hat. In der anlässlich der Ausstellung veröffentlichten gleichnamigen Dokumentation heißt es:»Gedenktafeln und Sonntagsreden, Polizeischutz und immer wieder Klezmermusik: von außen betrachtet findet jüdisches Leben heutzutage mit Sicherheitskontrollen und auf vereinzelten Festivals statt. Für junge Jüdinnen und Juden, die in Berlin groß geworden oder bewusst in diese Stadt gezogen sind, stellt sich das Bild ganz anders dar. Wir sind in der Diaspora zu Hause und wollen an Debatten anknüpfen, die in den 30er Jahren gewaltsam abgebrochen wurden. Wir mischen uns ein, wenn unserer ermordeten Großeltern gedacht oder eine lebendige Tradition zum Museumsstück gemacht wird, und finden eigene Wege.«

Etwa ein Dutzend jüdischer Künstler aus Berlin nimmt an dieser Ausstellung teil. Es können auch nichtjüdische Künstler mitmachen, die auf irgendeine Weise mit zum jüdischen Leben gehören. Meine Nachbarin, die Künstlerin Roswitha Baumeister, und ich bauen eine Installation für diese Ausstellung.»Nachbarschaft« ist unser Thema. Seit fast elf Jahren wohnen wir auf derselben Etage in einem Haus in Berlin-Schöneberg und haben uns gegenseitig inspiriert. Sie mich – mit ihren Lichtprojektionen von Göttinnen, Dämoninnen und Herrscherinnen, aber auch als Tochter eines Organisten und Komponisten für Kirchenmusik. Ich sie – da ich inzwischen in der Mitte des jüdischen Lebens in Berlin angelangt bin und versuche, dem neuen Aufbruch im Gemeindemagazin *jüdisches berlin* einen Ort der Auseinandersetzung zu bieten. Unsere Installation besteht aus zwei Haustüren. Auf eine Seidenwand dazwischen projizieren wir einen ineinander übergehenden Tanz von Dias, der unsere gegenseitige Anregung ausdrückt, begleitet von Zitaten der Dichterinnen Nelly Sachs und Gertrud Kolmar, die ebenfalls in Berlin-Schöneberg gelebt haben. Unsere Installation heißt »Spion und Judasauge« – zwei Begriffe für die Gucklöcher in den Berliner Wohnungstüren. In unserem Text im Katalog *Jüdische Visionen in Berlin* schreiben wir: »Unsere Vision ist im Alltag angesiedelt – in der gelebten Nachbarschaft, im Anerkennen von Unterschieden, im Sehen von Gemeinsamkeiten, aber auch in der Möglichkeit, dass sich jede wieder zurückziehen kann und keinem Druck der Vereinnahmung, Vereinheitlichung ausgesetzt ist.«

Durch die Ausstellung lerne ich viele jüdische Künstler kennen, zum Beispiel Anna Adam, deren provokative Werke unter dem Titel »Feinkost Adam« später einen Skandal im jüdischen Leben Deutschlands provozieren werden: Pavel Feinstein mit seinen halb nackten Körpern von Jüdinnen und Juden in traumähnlichen, surrealistischen Bildern, Silvia Dzubas mit ihren »Blautoren«, die sowohl in die Tiefen der Wasser als in die Höhen der Himmel führen, Dodi Reifenberg mit seiner Gegenüberstellung des *Aleph* (erster Buchstabe des hebräischen Alphabetes) und des Hakenkreuzes, Flori Reifenberg mit seinen Klanginstallationen in drei Kühlschränken: einem »milchigen«, einem »fleischigen« und einem »schweinischen«, und René de Roze mit seinen Berliner Briketts, auf die er goldene hebräische Buchstaben gemalt hat. Am Rande der Ausstellung lerne ich auch die Sängerin Jalda Rebling kennen, die damals an ihrer ersten CD über jüdische Musik im Mittelalter arbeitet und mit der ich inzwischen viele gemeinsame Gottesdienste in Berlin und anderen Städten in Deutschland gehalten habe.

1998 ist auch das Jahr, in dem der *Egalitäre Minjan* und der *Gleichberechtigte Gottesdienst* von der Repräsentantenversammlung eine eigene Synagoge innerhalb der Jüdischen Gemeinde zugesprochen bekommen. Symbolischerweise befindet sich diese im *Centrum Judaicum* – einem Betraum, der bei den Wiederaufbauarbeiten für künftige jüdische Berlin-Touristen in der dritten Etage eingerichtet, jedoch nie benutzt worden ist. Gesa Ederberg, die bald ihr Rabbinatsstudium in Jerusalem beginnen wird, und andere, darunter auch ich, entwickeln regelmäßige Gottesdienste, die nunmehr jeden Freitagabend und Samstagmorgen stattfinden. Die Synagoge zieht viele neue Mitglieder an und ist von den sieben offiziellen Gemeindesynagogen heute die drittgrößte.

Nach *Galut 2000* und *Davka* würden nun auch wir – Lara Dämmig, Rachel Herweg und ich – ein weiteres Zeichen der Erneuerung setzen: eine bislang historisch einmalige jüdisch-feministische Tagung europäischer Rabbinerinnen in Berlin. Warum eine feministische Tagung? Weil der jüdische Feminismus der letzten 30 Jahre neue inhaltliche Schwerpunkte geschaffen hat, in denen unserer Meinung nach entscheidende Keime einer Erneuerung stecken.

Aber wen würden wir einladen?

Eins kommt zum anderen. Bea Wyler macht uns auf eine Rabbinerin der konservativen Richtung aufmerksam, die in Moskau arbeitet: Jane Kanarek. Am *Leo Baeck College* wird uns eine russische Rabbinatsstudentin empfohlen, die gerade ihr praktisches Jahr in einer neu gegründeten Reformgemeinde *Cheled Simcha* (»Welt der Freude«) in der weißrussischen Hauptstadt Minsk absolviert: Nelly Kogan (später: Shulman). In Budapest hat eine ungarische Rabbinerin namens Katalin Kelemen die Reformgemeinde *Szim Salom* (»Schenke Frieden«) gegründet. In Prag ist die Rabbinatsstudentin Katka Novotná in der gleichfalls noch nicht lange existierenden Gemeinde *Bejt Simcha* (»Haus der Freude«) aktiv. In Paris lebt die Rabbinerin Pauline Bebe. ln Deutschland lehrt Eveline Goodman-Thau, die bald von einem orthodoxen Rabbiner ordiniert und danach in der Wiener Gemeinde *Or Chadash* (»Neues Licht«) tätig sein wird. In London wirken gleich mehrere Rabbinerinnen wie etwa Sybil Sheridan, Sylvia Rothschild und Elizabeth Tikvah Sarah.

Wir wissen inzwischen von der historischen Existenz von Regina Jonas, der ersten Rabbinerin der Welt, die in den 20er

Jahren in Berlin an der »Hochschule für die Wissenschaft des Judentums« studiert hat und 1944 in Auschwitz ermordet worden ist. 1935 hat sie der liberale Rabbiner Max Dienemann in Offenbach ordiniert. Erst seit kurzem wissen wir, dass nach Regina Jonas noch eine zweite deutsche Jüdin Rabbinerin geworden ist: Daniela Thau. Auch sie hat in Berlin gelebt und in den 80er Jahren am *Leo Baeck College* in London studiert. Da sie jedoch keine Chance auf eine Anstellung in einer Gemeinde in Deutschland gehabt hat, ist sie in England geblieben. Schon vor der Tagung laden wir sie zu den hohen Feiertagen – *Rosch Haschana* und *Jom Kippur* – nach Berlin ein. Im Laufe unserer Recherchen erfahren wir jedoch noch von einer dritten deutschen Jüdin, die Rabbinerin geworden ist: Margit Baumatz. Sie stammt aus Breslau, ist nach ihrer Flucht aus Nazi-Deutschland die erste Rabbinerin in Lateinamerika geworden und leitet heute eine konservative Gemeinde in Buenos Aires.

Aber wir brauchen gar nicht so weit zu gehen. In Berlin singt Avitall Gerstetter im Chor der Synagoge Pestalozzistraße. Sie hat sich autodidaktisch große Teile der Liturgie des Kantors beigebracht – und ist zu diesem Zeitpunkt langsam, aber sicher auf dem Weg, selber Kantorin zu werden. Und noch eine Kantorin lebt in Berlin: Mimi Sheffer, die Frau des neu angestellten Kantors der Synagoge Pestalozzistraße, hat zuvor als Kantorin in New York gearbeitet.

Je weiter unsere Recherchen gedeihen, desto größer wird das europaweite Netz von Rabbinerinnen und Kantorinnen. Wir fassen unsere Definition etwas weiter, weil Frauen unserer Generation kaum eine Chance gehabt haben, sich allein schon die Möglichkeit, Rabbinerin zu werden, vorzustellen – und beziehen auch »rabbinisch gelehrte Jüdinnen« mit ein. Der Kreis wächst und wächst. Und mit ihm lernen wir all die neuen Initiativen und Gruppen kennen, die sich seit 1989 an verschiedenen Orten in Europa gebildet und sich einer Erneuerung jüdischen Lebens verschrieben haben. Es gibt uns – aber kaum jemand kennt sich gegenseitig. In Amsterdam lehrt Judith Frishman rabbinische Literatur. Dort hat Wanya Kruyer die unabhängige Erneuerungsgemeinde *Beit ha'Chidush* (»Haus der Erneuerung«) gegründet. In Basel hat sich *Ofek* (»Horizont«) gebildet, wo Valérie Rhein eine der tragenden Säulen ist. In Wien gibt es *Or Chadash* (»Neues Licht«) mit Eleonore Lappin und Esther Egger-Rollig als treibenden Kräften. In Frankfurt am Main sind Susanna Keval und Petra Kunik in der *Kehilla Chadascha* (»Neue Gemeinde«) und dem späteren *Egalitären Minjan* aktiv. In Warschau bemühen sich Helena Datner, Bella Szwarcman und Grazyna Pawlak um eine Erneuerung jüdischen Lebens.

Im Mai 1999 laden wir schließlich zu einer Tagung mit 20 Referentinnen in die Jüdische Gemeinde zu Berlin ein. In unserer Einladung schreiben wir unter anderem: »Frauen stehen gleichberechtigt mit Männern auf der *Bima*. In diesem Jahrzehnt hat eine faszinierende Entwicklung im europäischen jüdischen Leben stattgefunden. Zunehmend üben Frauen wichtige Kultusfunktionen aus. Schon jetzt amtieren Rabbinerinnen in Städten wie London, Paris und Oldenburg genauso wie in Moskau, Minsk und Budapest. Was bedeutet dies für die jüdische Tradition und Überlieferung? Wie verschieben sich ihre Inhalte, welche Themen treten in den Vordergrund, welche neuen Herausforderungen stellen sich?«

Lange diskutieren wir über den Titel der Tagung – *Bet Debora*. In unserer späteren Dokumentation werden wir dies im Editorial so beschreiben: »›Debora ist gut!‹ – Sie war Richterin, sie war Prophetin, sie war eine militärische Führerin. Aber sehen wir uns als ihre ›Töchter‹ oder als ihre ›Schwestern‹? Eben hatte Rachel vorgeschlagen, unserer Tagung den Namen ›Deboras Töchter‹ zu geben. Aber warum bezeichnen sich Frauen so oft in biologischen Linien? Ist unser Thema nicht viel größer – geht es nicht um den Geist – um Schülerinnen – um eine Schule – um einen Ort, den wir schaffen wollen? So wie die Schule von Hillel? – ›Bet Debora!‹, rief Rachel. – Ja! Ein ›Bet‹ – ein Haus, ein Ort der Begegnung und des Lernens. Ein geistiges Zentrum, das neue Ideen in die Welt trägt.«

Zum Wochenende des 13. bis 16. Mai 1999 reisen 200 jüdische Frauen und Männer aus 16 Ländern nach Berlin, um an der ersten Tagung von *Bet Debora* teilzunehmen. Für die meisten ist es die erste Begegnung mit Gleichgesinnten aus anderen Ländern. Bewusst haben wir auch Referentinnen der älteren Generation eingeladen, um eine Brücke zwischen der Zeit vor der *Schoa* und heute zu schlagen. Ich habe herausgefunden, dass noch zwei ehemalige Studentinnen der »Hochschule für die Wissenschaft des Judentums« am Leben sind: Shoshana Ronen, die Tochter des Professors Ismar Elbogen, sie lebt heute in Israel, und Ilse Perlman, sie lebt in New York. Außerdem hat Lara Kontakt zu Hanna Hochmann, die in den 30er Jahren einen Jugendgottesdienst in der Liberalen Synagoge Norden in Berlin-Prenzlauer Berg geleitet hat. Die alten Damen, die in gewisser Weise mit der einstigen Blüte jüdischen Lebens in Berlin abgeschlossen haben, erleben auf dieser Tagung, wie eine jüngere Generation das einstige moderne Judentum, zu dem auch die Gleichberechtigung der Frau gehört, sechzig Jahre nach der *Schoa* wieder aufgreift.

Der Große Saal des *Centrum Judaicum* ist ein Teil der früheren Frauenempore der Neuen Synagoge – der einzige Teil des Hauptraumes, der den Krieg überstanden hat. Durch das mutige Einschreiten des Polizeireviervorstehers, Wilhelm Krützfeld, der mit gezückter Waffe die SA vertrieben hat, ist die Synagoge im November 1938 nicht niedergebrannt, jedoch bei einem Bombardement 1943 zerstört worden. Wenn wir 200 Tagungsteilnehmerinnen aus den Fenstern des Großen Saales schauen, sehen wir auf einen großen, leeren Platz mit grauen Kieselsteinen, auf dem damals die eigentliche Synagoge gestanden hat. 3000 Menschen haben hier Gottesdienste gefeiert. Ganz entfernt, am Ende des Platzes, sehen wir ein paar in der großen Leere schmächtig und verloren wirkende Säulen in einem Halbrund – dort hat früher der Tora-Schrein gestanden.

Während der Tagung halten wir immer wieder Gottesdienste im Großen Saal. Verschiedene Rabbinerinnen und Kantorinnen sollen »Kostproben« ihres Könnens bieten. Schon beim ersten *Barchu*, bei dem man sich in Richtung Jerusalem verbeugt, wird uns gewahr, dass wir uns jetzt, 60 Jahre nach der *Schoa*, auf der Frauenempore wieder in Richtung des einstigen Tora-Schreins verbeugen. Ich selbst kann mich kaum halten. Die einjährigen Vorbereitungen für die Tagung, die Angst und Aufregung, ob sie gelingen würde, die unzähligen organisatorischen Einzelheiten, die zu berücksichtigen sind – das alles ist schier zu anstrengend, um für die eigentliche Bedeutung des Geschehens noch ein emotionales Bewusstsein aufbringen zu können. Erst jetzt, da wir wieder auf der Frauenempore stehen, wird mir klar, was wir tun. Jedes Mal, wenn das *Kaddisch* gesagt wird, fange ich an zu weinen: *Hu ja'asseh schalom alejnu ve'al kol Jisrael ...* – »Er macht Frieden mit uns und mit ganz Israel ...« Die Frauen und Männer, die hier zusammengekommen sind: Das ist Israel. Wir alle zusammen, wir, die wir in Europa geboren sind, wir, die wir Kinder von Überlebenden der *Schoa* und auch des Antisemitismus im Ostblock sind – wir alle gehen jetzt diesen einen Schritt und schließen Frieden mit uns selbst, dafür, dass wir in Europa geblieben sind und das jüdische Leben wieder aufbauen.

Bei einem Morgengottesdienst hält Rabbinerin Katalin Kelemen aus Budapest eine kleine Rede. Sie erzählt von ihrem Großvater, der Häftling in Buchenwald gewesen ist, und von ihren kommunistischen Eltern. Sie selbst hat Naturwissenschaften studiert und hätte sich in ihrer Jugend kaum vorstellen können, jemals Rabbinerin zu werden. Sie hätte sich aber noch weniger vorstellen können, eines Tages in Berlin – dem Ort, von dem die *Schoa* ausgegangen ist – auf einer *Bima* zu stehen und zu einem Publikum zu sprechen, das aufzeigt, dass das jüdische Leben in Europa doch noch nicht zu Ende ist.

Der ersten *Bet-Debora*-Tagung würden bis 2003 noch zwei weitere in Berlin folgen. Jede von ihnen zieht eine gleich große Zahl von jüdischen Teilnehmerinnen aus europäischen Ländern an. Insbesondere bei der zweiten Tagung zum Thema »Die jüdische Familie – Mythos und Realität« im Jahre 2001 kommt es zu einer heftigen Kontroverse um den Begriff »zweite

Generation«. Viele der Teilnehmerinnen begreifen sich als traumatisierte Kinder von »Opfern« und leben immer noch mit der Wut gegenüber »den Deutschen«. Lara und ich halten dagegen, dass wir die »erste Generation ›danach‹« seien, die wieder etwas Positives nach der Katastrophe aufbaut.

Im Vorfeld der ersten Tagung rufe ich Hermann Simon, den Direktor des *Centrum Judaicum*, an. Seit 1995 ist mir der Name Regina Jonas bekannt. Ich weiß, dass ihr Nachlass im Archiv des *Centrum Judaicum* liegt. Erst nachdem die jahrzehntelang in der DDR befindlichen und kaum zugänglichen Reste des »Gesamtarchivs der deutschen Juden« dem *Centrum Judaicum* in Berlin übereignet worden sind, können die sensationellen Dokumente entdeckt werden. Jonas' Name ist zu diesem Zeitpunkt vollkommen vergessen. Als das *Hebrew Union College* in Cincinnati 1972 Sally Priesand ordiniert, feiern die Zeitungen sie als die erste Rabbinerin der Welt.

Die deutsch-amerikanische Theologin Katharina von Kellenbach hat seit 1995 bereits mehrere Artikel über Regina Jonas veröffentlicht. Auch Rachel Herweg hat verschiedene Artikel über sie geschrieben. Daniela Thau ist irgendwann von Hermann Simon beauftragt worden, Regina Jonas' Nachlass herauszugeben, hat aber davon Abstand genommen. Jetzt, so heißt es, soll Pnina Navè Levinson, die Frau von Rabbiner Peter Levinson, daran arbeiten. Ich möchte von Hermann Simon wissen, ob demnächst mit einem Buch über die erste Rabbinerin der Welt zu rechnen sei und man die Autorin zur *Bet-Debora*-Tagung einladen könnte. Leider, so sagt er mir am Telefon, haben die verschiedenen Aufträge bisher zu keiner größeren Veröffentlichung geführt.

Es folgt eine Sekunde des Schweigens.

Dann fragt mich Hermann Simon: »Wollen Sie das Buch schreiben?«

Wieder folgt eine Sekunde des Schweigens.

Dann sage ich: »Ja.«

Wenn ich mein bisheriges Leben im Rückblick betrachte, ist nicht nur das Richtige im richtigen Augenblick eingetreten – ich habe auch immer die richtigen Menschen dazu kennengelernt. Es ist noch Wahlkampfzeit in der Jüdischen Gemeinde. Ich gehe eine Straße im Zentrum Berlins entlang, als ein – für mich erkennbarer – Jude mir entgegenkommt. Wir kennen uns nicht persönlich. Aber wir bleiben beide stehen und sehen uns fragend an.

Möglicherweise hat er mein Gesicht in einer der Wahlkampfbroschüren gesehen. Ich erkenne jedenfalls an seinem Habitus, dass er ein orthodoxer Jude ist, obwohl er keinen langen Bart hat, keine *Pejes* und auch keinen schwarzen Hut trägt, sondern ganz normal aussieht. Wir sagen uns gegenseitig gerade einmal unsere Namen und dass wir beide Mitglied der Jüdischen Gemeinde sind, als er mich unvermittelt in einem Jiddisch-ähnlichen Deutsch fragt: »Möchtest du etwas lernen?«

Ein paar Tage später treffe ich mich mit Israel-Meir Miller, dem *Ba'al Kerija* der orthodoxen Synagoge Joachimstaler Straße. Wir wissen beide nicht, was er mir beibringen könnte. Aber er ist Tora-Vorleser, und ich bin das weibliche Pendant dazu in der Synagoge Oranienburger Straße. Wahrscheinlich angeregt vom jüdischen Feminismus, den ich öffentlich vertrete, bringt er das Buch *Esther* mit. Israel-Meir schlägt vor, mir den Gesangsmodus der *Megillat Esther* beizubringen. Er ist anders als der Modus der Tora-Abschnitte am Schabbat. Nach einigen Treffen beherrsche ich den neuen *Trop*, aber sowohl Israel-Meir als auch ich spüren, dass es nicht dieses Thema ist, das uns zusammengeführt hat.

Hermann Simon zeigt mir im Archiv des *Centrum Judaicum* die 14 Mappen mit dem Nachlass von Regina Jonas, darunter ihre Abschlussarbeit, die sie 1930 an der »Hochschule für die Wissenschaft des Judentums« eingereicht hat: »Kann die Frau das rabbinische Amt bekleiden?« Es ist eine *halachische* Arbeit, also eine, die anhand der jüdischen Religionsgesetze die gestellte Frage positiv zu beantworten versucht. Jetzt, da ich erstmals das 95 Seiten umfassende Werk in den Händen halte, nehme ich das Gefühl einer Vorsehung in mir wahr und frage mich im gleichen Moment, ob ich überhaupt berechtigt bin, Regina Jonas' Streitschrift herauszugeben?! Ich bin keine Wissenschaftlerin, keine Rabbinerin, keine Gelehrte – ich habe einen Großteil meines jüdischen Wissens nur autodidaktisch gelernt. Ich habe mich nicht darum gerissen, Regina Jonas' Werk herauszugeben. Es hat weitaus kompetentere Vorgängerinnen als mich gegeben, die Jonas' Nachlass bereits gesichtet und wissenschaftliche Artikel über sie geschrieben haben. Jetzt liegen diese Seiten in meinen Händen. Ich habe Regina Jonas nicht gesucht – aber in diesem Moment hat sie mich gefunden.

Auf der ersten Seite stechen zwei Stempel ins Auge. Oberhalb des Textes: *Rabbiner Regina Sara Jonas* (ab 1939 müssen jüdische Frauen den Zwangsnamen »Sara« angeben), daneben: *Berlin C2, An der Spandauer Brücke 15, Tel. 42 02 90.* Dazwischen steht der Titel der Arbeit. Das immer noch kräftige Ultraviolett leuchtet mit einer Signalkraft, als hätte Regina Jonas die beiden Stempel erst gestern auf das Papier gesetzt. Mein Auge überfliegt die ersten Seiten. Es sind mit Hilfe von Pauspapier erstellte Durchschläge. Zwischen dem mit Schreibmaschine geschriebenen deutschen Text stehen immer wieder Zitate in Hebräisch. Ich erkenne schnell, dass es sich um Passagen aus der Bibel und dem Talmud handelt. Für eine Edition dieses Werkes müsste ich sie zunächst ins Deutsche übertragen, wobei mir die Goldschmidt-Übersetzung des Talmud helfen würde. Trotz der sehr großen Herausforderung fühle ich mich dem Vorhaben gewachsen und freue mich darauf, anhand einer speziellen Frage, die mich selbst leidenschaftlich interessiert, mich in den kommenden Monaten intensiv mit Talmud-Zitaten zu beschäftigen.

Nach den ersten Seiten, die ich ediere, erreiche ich jedoch eine für mich zunächst unüberwindbare Grenze. Regina Jonas zitiert, wie ich erst nach einigen Seiten feststelle, nicht nur aus dem Talmud, sondern auch aus anderer rabbinischer Literatur: den Gesetzeskompendien *Mischne Tora, Tur, Schulchan Aruch* und den zugehörigen Kommentaren über die Jahrhunderte hinweg, außerdem aus Responsen und anderen Quellen. Von alledem gibt es keine deutschen Übersetzungen. Ich verirre mich in eine Welt, die mir noch vollkommen unzugänglich ist – und muss mir bald eingestehen, dass ich Regina Jonas' Arbeit mit meinem jetzigen Wissensstand nicht edieren kann.

So rufe ich Israel-Meir Miller an: Ich wisse jetzt, was ich lernen wolle. Textstellen aus dem *Mischne Tora*, dem *Schulchan Aruch* und anderer *halachischer* Literatur. Das ist auch seine Welt. Zwar ist für einen orthodoxen Mann mit einem traditionellen Frauenbild die Frage, ob Frauen Rabbinerinnen sein können, gewiss kein vorrangiges Thema. Aber doch schöpft Israel-Meir aus den Quellen, die Regina Jonas zitiert, auch seinen Lebenssinn. So werde ich fortan zweimal in der Woche zusammen mit meinem neuen Lehrer in die jüdische Rechtsliteratur eintauchen – und dabei das System der rabbinischen Argumentation verstehen lernen.

Mein Lehrer merkt bald, dass ich nicht nur wegen Regina Jonas' *halachischer* Arbeit rabbinische Literatur mit ihm lerne. Wie ein Schwamm sauge ich alles auf, was er mir sagt. Ich liebe seine *aschkenasische* Aussprache der Namen und Begriffe und spreche sie genauso aus; ich beobachte ihn, wenn er sich über die großen Seiten des Talmud oder *Schulchan Aruch* beugt und versucht, die verzwickten Botschaften in den kleinstgedruckten Kommentaren zu knacken; ich folge ihm, wenn er mit dem *Gemore-Niggen*, dem Gesangsmodus, die Abwägungen einer Antwort summt; ich bewege mich mit ihm zusammen in Texten, in denen mehrere Jahrhunderte gleichzeitig sprechen. Unter dem Einfluss des Themas ist er inzwischen selbst zum Feminist geworden und macht mich auf die ein oder andere talmudische Stelle aufmerksam, die Regina Jonas nicht berücksichtigt hat. Fasziniert von dieser Welt des endlosen, sich immer weiter fortsetzenden Textes – dem Leben in diesem Text und der Auseinandersetzung mit diesem Text – treibe ich meinen Lehrer an, über die von Jonas zitierten Stellen hinauszugehen. Angesteckt von meiner Begeisterung steigt er mit mir in Textpassagen ein, die mit Jonas' Arbeit nichts zu tun haben. So lesen wir mitunter auch ziellos – einfach nur dem gemeinsamen Lernvergnügen folgend.

In solchen Momenten taucht er manchmal unvermittelt auf und sieht mich beunruhigt an: »Warum willst du das alles lernen?«

Ich weiche mit einem halben Lachen aus: »Einfach so.« Tatsächlich weiß ich auch nicht, was mich zieht.

»Das interessiert doch heute niemanden mehr«, sagt ausgerechnet er, der ganz im Talmud lebt. »Heute liest man die Zeitung.«

Meine Edition ist inzwischen recht weit gediehen.

Es gibt jedoch ein Zitat von einem Autor, den Regina Jonas anführt, der weder Israel-Meir noch mir bekannt ist: der Maharil. Später wird sich herausstellen, dass es sich um Jakob ben Mose Halevi (geboren 1355 in Mainz, gestorben 1427 in Worms) handelt. Doch es bedarf einiger Zeit, dies herauszufinden. Zunächst will ihn Israel-Meir unter den verschiedenen Kommentatoren in seiner Talmud-Ausgabe suchen. Er nimmt den großen Band mit dem Traktat *Schabbat* aus dem Regal und schlägt die erste Seite auf. Zum ersten Mal lese ich die Liste der Kommentatoren, die in den üblichen Talmud-Editionen mit aufgenommen sind: Raschi, Tossafot, Rabejnu Ascher, Rosch, Maharschal, Maharam … Israel-Meir liest mir jeden Namen vor und erklärt mir, um wen es sich handelt. Dabei entsteht eine geistige Landkarte Europas, in der alle Rabbiner Jahrhunderte hindurch unablässig miteinander kommunizieren. Plötzlich spricht Israel-Meir den Namen »Korban Natanel« aus. Es ist der Talmud-Kommentar eines gewissen Natanel Weill, eines Vorstehers des jüdischen Gerichtshofes in Karlsruhe im 18. Jahrhundert.

In diesem Augenblick dreht sich mir plötzlich die Welt. Natanel Weill? *Av bet din kehillat Karlsruhe?* Ich versuche, meinen Lehrer nach ihm zu befragen. Doch mir fällt weder eine Frage ein, noch weiß er sich zu meiner plötzlichen Aufregung zu verhalten. Ich unterbreche den Unterricht, fahre nach Hause und lege mich hin, weil mir schwindelig ist.

Dann träume ich von Natanel Weill. Seine Stimme sagt mir: »Und jetzt weißt du, warum dein Leben so kompliziert ist.«

Ich wache auf, ziehe aus meinem Bücherregal den Stammbaum meiner Familie, den Lilo vor vielen Jahren von einem ihrer Besuche bei Onkel Ludi aus New York mitgebracht hat. Natanel Weill ist mein Vorfahre. Und wie mir dieser Stammbaum zeigt, reicht eine rabbinische Linie in meiner Familie zurück bis in das Jahr 1360 – angefangen mit einem Juda Weil, der vermutlich aus Spanien nach Süddeutschland gekommen ist.

Diese Botschaft ist für mich in jeglicher Hinsicht überwältigend. Meine jüdische Familie lebt also schon weit mehr als 600 Jahre in Deutschland. Mir ist nur die Zeit der *Schoa* und vielleicht die Generation davor bewusst. Aber das 18., das 17., das 16. Jahrhundert und noch davor? Das sind nicht nur Zeiten der Verfolgung gewesen, sondern auch Zeiten großer Blüte, an denen jede Generation auf ihre Weise mitgewirkt hat. Und was ist mit mir, die ihren eigenen, langen Weg gegangen ist – und sich entschieden hat, hier zu leben? Was mache ich mit diesem geistigen Erbe, das sich sechs bis sieben Jahrhunderte lang in den Generationen niedergeschlagen hat und offensichtlich auch in mir fortlebt?

Beim nächsten Treffen zeige ich Israel-Meir meinen Stammbaum und füge hinzu, dass er mich nie wieder fragen möge, warum ich rabbinische Literatur lernen wolle. Israel-Meir ist nun auch aufgeregt und liest mir aus dem Talmud autobiographische Angaben vor, die Natanel Weill seinem Kommentar vorangeschickt hat. Dann wird er plötzlich ernst und sieht mich fast ein wenig streng an: »Du hast die rabbinischen Gene deines Vorfahren geerbt. Du musst unbedingt weitermachen – und selber Rabbinerin werden.«

Insgeheim habe auch ich angefangen, mich mit dieser Vorstellung auseinanderzusetzen. Vor Jahren habe ich schon einmal Jonathan Magonet angesprochen, den Rektor des *Leo Baeck College* in London, das Rabbiner und Rabbinerinnen für das

Reformjudentum ausbildet. Ich frage ihn, was er mir empfehlen würde, um das jüdische Leben in Deutschland aus seiner Erstarrung zu lösen. Statt mir eine Antwort zu geben, fragt er mich, warum ich nicht selbst Rabbinerin werden wolle. Aber das würde bedeuteten, mehrere Jahre am *Leo Baeck College* in London zu studieren. Ich will nicht mehr ganztägig Studentin sein, ich will aus meinem Berufsleben nicht aussteigen, und ich will auch Berlin nicht verlassen. So verfolge ich die Frage nicht weiter.

Parallel zu meiner Arbeit in der Gemeinde schreibe ich abends das Buch über Regina Jonas. Durch sie lerne ich alle *halachischen* Argumente zugunsten von Frauen im Rabbineramt. Zusätzlich zur Edition von »Kann die Frau das rabbinische Amt bekleiden?« zeichne ich in einer Biographie Regina Jonas' Leben nach und korrespondiere mit etwa 40 Zeitzeugen weltweit. Sie haben auf meine Anzeigen in deutsch-jüdischen Emigrantenzeitungen reagiert, in denen ich Menschen suche, die Regina Jonas in den 20er und 30er Jahren erlebt haben. Ich bewege mich nicht nur ganz in Jonas' geistiger Welt, sondern auch auf den Spuren der Orte, an denen sie gelebt und gewirkt hat. Meine vorübergehende Überidentifikation, die ich als ihre Biografin brauche, führt zu fortwährenden inneren Gesprächen mit ihr. Dabei nehme ich auch eine neue Verantwortung wahr – es gibt nicht viele Juden in meinem Alter in Deutschland, die sich derart intensiv auf die rabbinische Literatur einlassen. Ohne Regina Jonas wäre ich geistig nie so weit gekommen. Mitunter ist mir jedoch, als würde sie mehr von mir erwarten als allein die Edition ihrer Streitschrift.

Und du? Könntest du nicht auch das rabbinische Amt bekleiden?

Seit das Buch über Regina Jonas im Herbst 1998 erschienen ist, stellen mich auch andere vor diese Frage. Rabbiner Levinson, der mich bei der Verwirklichung des Buchprojektes unterstützt hat, meint bei einem Berlinbesuch, dass es jetzt Zeit für mich sei, den Schritt zu tun. Der einstige orthodoxe Gemeinderabbiner Moshe Dick, zu dem ich noch Kontakt halte, ermuntert mich ebenfalls. Aus San Francisco bearbeitet mich Rabbiner Ted Alexander, der mit Regina Jonas zusammen in den 30er Jahren die Synagoge Rykestraße besucht hat. Wenn amerikanische Gäste in die Synagoge Oranienburger Straße kommen und ich dort den Tora-Wochenabschnitt auslege und *lejne*, werde ich bisweilen gefragt: »Are you the rabbi here?«

Aber wie könnte ich Rabbinerin werden? Ich bin 36 Jahre alt – stehe voll im Berufsleben, kann es mir nicht leisten, auf ein Einkommen zu verzichten, brauche außerdem die tägliche Herausforderung, mich beruflich zu bewähren. Ich weiß nicht einmal, ob ich ausreichend religiös bin, um Rabbinerin zu sein. Halte ich die *Halacha*? Bin ich *Schomeret Schabbat*? Lebe ich *koscher*? Spreche ich die Gebete? Wenn ich ehrlich bin, kann ich auf diese Fragen nicht mit einem klaren Ja antworten. Zugleich frage ich mich, ob ich die erforderlichen sozialen und seelsorgerischen Fähigkeiten besitze, ob ich Verantwortung für andere Menschen und auch für die Kontinuität der jüdischen Tradition tragen könnte. Es ist ein Unterschied, ob ich als inspirierte Einzelperson eine anregende *Drascha* im Schabbat-Gottesdienst halte oder als »Lehrerin in Israel« in der fortgesetzten Verantwortung stehe, den Boden für das Ganze zu bereiten.

1999 kommen Rabbinerin Marcia Prager und Kantor Jack Kessler zum zweiten Mal aus Philadelphia nach Berlin, um bei den Jüdischen Kulturtagen aufzutreten. Bereits beim letzten Mal haben sie einen Gottesdienst in der Synagoge Oranienburger Straße geleitet, den ich maßgeblich mit vorbereite. In der Zwischenzeit wird bekannt, dass Andreas Nachama eine Rabbinatsausbildung im *Aleph Rabbinic Program* absolviert, dessen Dekanin Marcia Prager ist.

Ich zeige ihr mein gerade erschienenes Buch über Regina Jonas und spreche dabei an, dass ich inzwischen selber erwäge, Rabbinerin zu werden. Sie lädt mich ein, zum nächsten Treffen der Studenten in einem Ort in der Nähe von New York zu kommen.

Elat Chayyim. Etwa 30 amerikanische Studenten nehmen an den Kursen des jüdischen Lernzentrums in der Nähe von New York teil. Die meisten sind älter als ich – fast alle haben lange Wege in anderen Berufen hinter sich, fast alle haben lange Auseinandersetzungen mit der jüdischen Religion geführt, bis sie sich für den Weg ins Rabbinat entschieden haben, manche sind orthodox aufgewachsen, andere säkular, alle sind Persönlichkeiten mit bemerkenswerten Biographien, durch die sich teils offensichtlich, teils versteckt die religiöse Berufung zieht.

Das Treffen beginnt mit einer Zeremonie. In der Mitte sitzen die Studenten, die an diesem Wochenende ordiniert werden – ihre *Smicha* erhalten. Einer von ihnen ist Andreas Nachama. Um sie herum sitzt ein zweiter, größerer Kreis von Studenten, die schon eine Weile in dem Programm studieren. Um diese wiederum sitzt ein dritter Kreis von Menschen, die sich im Prozess der Aufnahme in das *Aleph Rabbinic Program* befinden. Und um sie herum steht ein vierter Kreis von Stühlen für diejenigen, die gekommen sind, um das Programm kennenzulernen und es sich als Außenstehende anzusehen.

Ich nehme Platz im vierten Kreis. Die Zeremonie soll beginnen. Da steht Rabbinerin Marcia Prager plötzlich auf, kommt mit einem herausfordernden Lächeln auf mich zu, zieht mich am Schulterzipfel meines T-Shirts und platziert mich in den nächstinneren, dritten Kreis, in den Kreis derjenigen, die jetzt in das Programm aufgenommen werden.

Es ist geschehen.

Ob ich religiös genug bin, ob ich die jüdische Tradition als Ganzes tragen kann, ob ich eine Perspektive als Rabbinerin in Deutschland haben werde – das werde ich ab jetzt Schritt für Schritt für mich sortieren und dabei selber Rabbinerin werden, ohne dass es ein Zurück gäbe. Denn mein ganzer Lebensweg hat mich – mal mit einer verborgenen, mal mit einer offensichtlichen Bestimmung – zu diesem Punkt hingeführt. Er fühlt sich von nun an nicht nur als die vollkommen richtige Entscheidung an, sondern im Rückblick als die einzige logische Konsequenz dessen, was ich, wenngleich mit Zweifeln und Auseinandersetzungen unter den nicht gerade einfachen Bedingungen jüdischen Lebens in Deutschland, immer gewesen bin, noch bevor ich es offiziell von mir behaupten kann.

Am 2. Januar 2004 fliege ich zur Rabbinerkonferenz *Ohalah* nach Boulder bei Denver. Es ist früher Morgen, als ich auf dem Berliner Flughafen Tegel durch die Passkontrolle gehe.

Hinter mir liegen gute vier Jahre intensiven rabbinischen Studiums, die ich mit meiner Arbeit in der Jüdischen Gemeinde und meinem Engagement in der Synagoge Oranienburger Straße verwoben habe.

Das von Rabbiner Zalman Schachter-Shalomi gegründete *Aleph*-Programm, das zur amerikanischen »Renewal«-Bewegung gehört, überzeugt mich schon deshalb, weil es sich auf keine Denomination festlegt. Es ist nicht reformjüdisch, nicht konservativ und auch nicht orthodox. Es grenzt sich von keiner dieser Richtungen ab, sondern schöpft aus allen Traditionen, um den religiösen Inhalten in der gelebten Wirklichkeit heutiger Juden neue Bedeutung geben zu können. Es bezieht dabei auch die jüdische Mystik – die *Kabbala* und den *Chassidismus* – mit ein, ebenso wie die jüdische Religionsphilosophie von Philo oder Maimonides und die modernen Lehren von Franz Rosenzweig oder Abraham Joshua Heschel. Zugleich greift es die Themen der Zeit auf – Ökologie, Auseinandersetzung mit anderen Religionen oder den Feminismus – und strebt durch sie einen *Tikun Olam*, eine »Reparatur« oder »Heilung der Welt« an. Es ist ein Judentum voller Spiritualität, dessen Praxis dem Leben Bedeutung gibt, ja sogar ein Lebensvergnügen sein kann und die unmittelbare Welt um einen herum zum Besseren beeinflusst. Ein Judentum, das weiß, dass alles spirituelle Wissen ohne die spirituelle Verbindung mit Gott nicht bestehen kann, doch alle Spiritualität in dem Fundament des menschlichen Verstandes verankert sein muss.

Abgesehen von den Studieninhalten habe ich auch das jüdische Leben in Deutschland aus einer neuen Perspektive zu beurteilen gelernt. In den USA ist mir eine vollkommen andere jüdische Welt begegnet – ein positiv gestimmtes jüdisches Leben, das sich mit der Machbarkeit des amerikanischen Traumes verbindet und auf die Fähigkeiten des Menschen vertraut. Es lässt sich nicht ohne Weiteres in die europäische Situation übersetzen. Es kennt nicht die antisemitischen Vorkommnisse, über die ich fast täglich Pressemeldungen der Jüdischen Gemeinde zu Berlin herausgeben muss – Schändungen des Grabes von Heinz Galinski oder der 103 Gräber auf dem Friedhof Weißensee, bisweilen sogar Anschläge auf jüdische Einrichtungen wie in Düsseldorf und Lübeck, begleitet von Debatten über entgleiste Äußerungen: die Walser-Bubis-Debatte, der sich die Möllemann-Friedman-Debatte anschließt, gefolgt von einer Debatte über den CDU-Politiker Hohmann. Es kennt nicht den Antisemitismus und das Gedenken an die *Schoa*, das nicht nur alle Wahrnehmung vom Judentum in Deutschland beherrscht, sondern auch die einzige Klammer bildet, in der die Repräsentanten jüdischen Lebens Einigkeit zeigen. Es kennt auch nicht die heterogene Mitgliedermischung von »Alteingesessenen« und »Neuzuwanderern« der »Einheitsgemeinde« oder die Sitzungen der Berliner Repräsentantenversammlung, in denen sich 21 jüdische Parlamentarier mit gegenseitigen Unterstellungen lahmlegen und zu keinen tragfähigen und zukunftsorientierten Visionen jüdischen Lebens gelangen.

Und doch habe ich in meinem Studium auch gelernt, wie die Lehren der einstigen Juden Europas heute in den USA Früchte tragen – und letztlich auch von uns wieder aufgegriffen werden müssen. Moderne Talmudstudien, moderne Mystik, moderne jüdische Rechtsauffassungen. Ich habe dabei wunderbare Lehrer und Freunde gewonnen – meinen Mentor Moshe Waldoks aus Boston, meinen *Halacha*-Lehrer und Direktor des *Aleph*-Programms Daniel Siegel, oder meine *Chevruta*-Partnerin Lori Klein. Ich habe eine andere Kultur des Umgangs kennengelernt und mich in ihr weiterentwickelt: eine, die am Positiven ansetzt, die Menschen nicht nach ihren Mängeln, sondern nach ihren Fähigkeiten beurteilt – und dabei stets das von Gott gegebene Potential in jedem Menschen anzuerkennen bereit ist. Vor allem aber hat sich für mich die Kluft zwischen der Bedeutung der Religion und der Realität der säkularen Gesellschaft endgültig geschlossen. Es gibt keine tragfähige Ethik, die nicht einen vorangestellten Begriff von Heiligkeit in sich birgt. Wer dies verneint, täuscht sich selbst und die anderen. Das Zusammenleben der Menschen steht und fällt mit unserer Art der Heiligung des Lebens.

In der Wartehalle auf dem Flughafen sehe ich zwei mir bekannte Gesichter. Renée Zucker, eine ehemalige Kollegin bei der *taz*, und noch eine andere Frau namens Gabriele Dietze. Wir fliegen zunächst nach Frankfurt, wo wir umsteigen und dann zu drei verschiedenen Zielorten weiterfliegen werden.

Von Renée weiß ich, dass sie einen jüdischen Vater hat – einen Kommunisten, der mit der jüdischen Religion nichts anfangen kann. Als die *taz* ihre große Debatte über die Grenzen stilistischer Freiheit führt, gehört Renée zu denjenigen, die sich an Wörtern wie »gaskammernvoll« um der Meinungsfreiheit willen nicht stößt. Gabriele Dietze arbeitet an der Universität in der Gender-Forschung. Wir fragen uns gegenseitig, wohin wir fliegen. Gabriele braucht einen Ortswechsel und wird eine Weile in Chicago lehren. Renée ist gerade 50 geworden. Sie fliegt nach Goa in Indien, um herauszufinden, was sie mit dem letzten Drittel ihres Lebens anfangen will. Dann sehen die beiden Frauen mich an. »Und du? – Wohin fliegst du?« Es ist Donnerstag früh. »Ich fliege nach Boulder, um am Sonntag als Rabbinerin ordiniert zu werden.«

Die beiden Frauen sind verblüfft. Renée, die ich bislang als antireligiös eingeschätzt habe, sagt: »Wenn *du* Rabbinerin wirst, dann komme *ich* ins Judentum zurück« – was mir als bekräftigende Botschaft bis zur Ordination hinterherhallt.

Bei der Zeremonie sind etwa 200 Rabbiner aus allen Teilen der USA anwesend. Wir fünf Kandidatinnen halten jeweils eine Tora-Auslegung, bevor unsere Mentoren den rabbinischen Segen über uns sprechen. Ich habe lange darüber nachgedacht, ob ich es tun soll – dann habe ich mich doch dafür entschieden: Ich schließe in meine Auslegung ein kleines Gebet von Bertha Pappenheim mit ein, der Gründerin der jüdischen Frauenbewegung im Jahre 1904. Erst kürzlich, anlässlich der dritten Tagung von *Bet Debora* in Berlin, haben Lara und ich die 1936 erschienenen Gebete neu herausgegeben und aus heutiger Sicht kommentiert. Ich spreche die Zeilen bewusst in Deutsch. Die Rabbiner im Raum halten den Atem an. Deutsch ist immer noch eine Tabusprache – auch unter den Juden Amerikas. So hören sie:

Nur nicht blind werden – mit der Seele nicht,
dass ich nicht mehr sähe,
was klein was groß,
was eng was weit,
was ragend was tragend,
was leuchtend im ewigen Licht.
Nur nicht blind werden – mit der Seele nicht!
(10. Dezember 1929)

Nicht lange später feiere ich meine Ordination mit einem kleinen Gottesdienst im Jüdischen Museum Berlin. Es kommen zu dieser Feier all die Menschen, die mich in den vergangenen Jahren begleitet haben: Jalda Rebling, die inzwischen eine Ausbildung als Kantorin im *Aleph-Programm* macht und bei meiner Feier singt, die Frauen von *Bet Debora* und von *Sarah-Hagar*, einer jüdisch-muslimisch-christlichen Initiative, die ich mit initiiert habe, Politikerinnen wie Barbara John, Marie-Luise Beck oder Carola von Braun, mit denen ich manche gemeinsame politische Aktion veranstaltet habe, Journalisten von der *taz*, dem *Tagesspiegel* und verschiedenen Radio- und Fernsehsendern, Autoren des *jüdischen berlin*, Mitglieder der Synagoge Oranienburger Straße, die Leute von *Meshulash* und andere Freunde aus der Jüdischen Gemeinde, Micha Brumlik, der mich maßgeblich religionsphilosophisch inspiriert hat, die Programmdirektorin des Jüdischen Museums, Cilly Kugelmann, sowie die ehemalige Kulturdezernentin der Berliner Jüdischen Gemeinde, Norma Drimmer, außerdem Rabbinerin Gesa Ederberg, Rabbiner Andreas Nachama, Rabbiner Peter Nathan Levinson und mein Vater.

Der Tora-Wochenabschnitt ist *Wajakhel (Ex. 35–38:20)*, der den Bau der beiden Engel, der *Kerubim*, durch den Künstler Bezalel beschreibt. Sie stehen später im Allerheiligsten des Tempels und haben rechts und links über der Bundeslade mit den Zehn Geboten die Flügel ausgebreitet. Zwischen ihnen, so die Vorstellung, weilt die *Schechina*, die göttliche Präsenz. Als die römischen Soldaten das Heiligtum zerstören, soll die *Schechina* zwischen den *Kerubim* aufgestiegen, sich über den Tempelbezirk und dann über Jerusalem ausgebreitet haben und schließlich mit allen Juden ins Exil gezogen sein. Im Talmud steht:

Es wird gelehrt: R. Simon bar Jochaj sagte: Komm und sieh, wie beliebt die Israeliten sind beim Heiligen, gepriesen sei er, denn wohin sie auch verbannt wurden, war die Schechina immer bei ihnen. Wurden sie nach Ägypten verbannt, war die Schechina bei ihnen, denn es heißt: »Ich habe mich deinem Vaterhause offenbart, als sie in Ägypten waren.« Wurden sie nach Babylonien verbannt, war die Schechina bei ihnen, denn es heißt: »Um euretwillen wurde ich nach Babel entsendet.« Und auch wenn sie dereinst erlöst werden, wird die Schechina bei ihnen sein, denn es heißt: »*JHWH*, dein Gott wird mit deinen Gefangenen zurückkehren.« Es heißt nicht [er wird die Gefangenen] »zurückbringen«, sondern [mit ihnen] »zurückkehren«, und dies lehrt, dass der Heilige, gepriesen sei er, mit ihnen aus dem Exil zurückkehren wird. Wo weilt sie in Babylonien? Abaje erwiderte: Im Bethause

von Huzal und im zerstört gewesenen und wieder errich-
teten [mit Steinen von Ruinen aus Jerusalem erbauten]
Bethause zu Nehardea.« *(Megilla 29a)*

Möge ich mein Bestes geben, zusammen mit meinesgleichen
aus den Ruinen des europäischen Judentums wieder eine Tradition zu errichten, aus der noch viele Rabbiner und Rabbinerinnen hervorgehen, Schüler und Schülerinnen sowie Schüler
und Schülerinnen der Schüler und der Schülerinnen – hier und
überall.

Rabbinerin nicht nur
für den Schabbat

Ich wusste, dass es nicht einfach werden würde. Eine Anstellung als Gemeinderabbinerin, auf die die Fragen vieler meiner Bekannten immer wieder hindrängten, erschien unmittelbar nach meiner Ordination kaum denkbar. Gut – die Oldenburger Jüdische Gemeinde hatte 1995 mit Bea Wyler als erster Rabbinerin in Deutschland nach der *Schoa* einen Anfang gemacht. Aber Bea Wyler gehörte der *Masorti*-Richtung an, deren Erscheinungsbild von allen liberalen Ausrichtungen dem orthodoxen Judentum am nächsten kommt: der jüdische Ritus wie gehabt, mit dem formellen, mehr oder weniger nur äußerlichen Unterschied, dass Frauen diesen Ritus gleichberechtigt ausüben und im Gottesdienst *Tallit* und *Tefillin* tragen. Das war mir, der es um eine inhaltliche Erneuerung geht, nicht ausreichend. Gleichwohl konnte ich verstehen, wenn eine jüdische Gemeinde, die einen so großen und mutigen Schritt wie die Anstellung einer Rabbinerin wagte, den Weg der größtmöglichen Wiedererkennbarkeit ging und sich für die *Masorti*-Richtung entschied.

Auch in meiner Berliner Heimatgemeinde, der Synagoge Oranienburger Straße, die ich selbst mit gegründet hatte, setzte sich die konservative *Masorti*-Richtung durch. Meine Zeit dort, wie überhaupt in Berlin, schien abgelaufen. Kurz nach meiner Ordination gab ich meine Anstellung als Pressesprecherin der Jüdischen Gemeinde auf. Ich zweifelte nicht einen Moment daran, dass ich irgendwo und dann an der genau richtigen Stelle rabbinisch wirken würde. Doch hierfür musste ich mich neu orientieren und das Risiko einer temporären Arbeitslosigkeit wagen.

Hatte ich überhaupt Möglichkeiten im Jahre 2004?

In allen mittleren und großen Städten gab es jüdische Gemeinden von beträchtlicher Größe. Überall waren die nach 1989 eingewanderten russischsprachigen Mitglieder in der Mehrheit. Manche Gemeinden bildeten sich ausschließlich aus ihnen. An erster Stelle stand immer noch das Wort »Integration«. Damit war sowohl eine allgemeine Integration in die deutsche Gesellschaft gemeint als auch eine Integration in das Judentum – beziehungsweise das, was davon noch in Deutschland existierte, denn in religiöser Hinsicht war das jüdische Leben stark erodiert. Überdies hatten viele Zuwanderer nach den Jahrzehnten des verordneten Atheismus in der ehemaligen Sowjetunion keine anderen Vorstellungen von gelebter jüdischer Religion als die alten Bilder von Orthodoxie und Chassidismus. In einem solchen Umfeld als eine liberal eingestellte Rabbinerin wirken zu wollen, erschien mir schwierig.

Es kam letztlich nur der Rahmen des in Deutschland mühsam wiederentstehenden liberalen Judentums in Frage. Dessen Entschlossenheit, das jüdisch-religiöse Leben neu zu gestalten, bewegte sich jedoch innerhalb sehr unterschiedlicher, teilweise auch widersprüchlicher Grade. Weiterhin beherrschte das im 19. Jahrhundert entstandene Prinzip der »Einheitsgemeinde« die Situation. Eine Einheitsgemeinde will für alle Juden, egal ob sie orthodox oder liberal, säkular oder religiös eingestellt sind, ein Dach bieten. Religiös gesehen haben sich die Einheitsgemeinden nach der *Schoa* zumeist orthodox orientiert. Außer den Gemeinden der *Union progressiver Juden*, die sich seit den 1990er Jahren gegründet hatten und in der Tradition des Reformjudentums standen, waren alle jüdischen Gemeinden in Deutschland »Einheitsgemeinden«.

Doch trotz ihrer grundsätzlichen Orientierung an der Orthodoxie waren einige Einheitsgemeinden durchaus dem liberalen Judentum gegenüber aufgeschlossen eingestellt. Schließlich hatten Rabbiner wie Nathan Peter Levinson oder Henry G. Brandt schon vor dem liberalen Neuaufbruch in den 1990er Jahren das jüdische Leben in Deutschland mitgeprägt. In mancher Einheitsgemeinde war die Nachfrage nach liberalem Judentum größer, als ich erwartet hatte, und wurde der Bedarf durchaus auch von den russischsprachigen Mitgliedern mitgetragen. So lud mich beispielsweise der Vorsitzende der jüdischen Gemeinde in Erfurt mehrfach ein, die Schabbat-Gottesdienste nach einem liberalen Ritus zu gestalten. Bei einer dieser Gelegenheiten weihte ich sogar eine neue Tora-Rolle ein. Zusammen mit Jalda Rebling, die damals eine Ausbildung zur Kantorin machte, hielt ich in Erfurt auch Workshops über die Schabbat-Liturgie. Ich erinnere mich an intensive Begegnungen mit den teilweise sehr motivierten älteren russischsprachigen Frauen. Einige von ihnen konnten kaum Deutsch. Jalda und ich kommunizierten mit ihnen allein über die hebräischen Gesänge. Gleichwohl taten diese Frauen alles, um mit ihrer nunmehr möglich gewordenen äußeren Gleichberechtigung die Gottesdienste zu verstärken. Am darauffolgenden Schabbat hüllten sie sich in die *Tallitot* ein, die ich mitgebracht hatte, und brachten mit ihren Stimmen einen Schabbat zum Erklingen, von dem einen Moment lang alle, nicht zuletzt ihre Ehemänner tief bewegt waren.

Von Schabbat zu Schabbat wurde ich woanders »ausprobiert«. Die im *Egalitären Minjan* zusammengeschlossenen liberal eingestellten Mitglieder der Jüdischen Gemeinde in Frankfurt luden mich ein, beim zehnjährigen Jubiläum der Gruppe zu amtieren und mitzudiskutieren. Die Kölner liberale Gemeinde *Gesher LaMassoret* lud mich ein, mit ihr das Wochenfest *Schawuot* zu feiern und eine dazugehörige »Lernnacht« zu leiten. Ich hielt liberale *Schiurim* (gemeinsames jüdisches Lernen) in der Duisburger Synagoge anlässlich einer »jüdischen Buchmesse«, ebenso im Jüdischen Lehrhaus in Göttingen, wo ich am 9. November auch bei der zentralen Gedenkveranstaltung amtierte, sowie in der liberalen Gemeinde *Gescher* in Freiburg. Innerhalb kurzer Zeit hatte ich eine ganz Liste von Städten, in denen ich als freiberufliche Rabbinerin gefragt war. In Bayern hatten der Historiker Michael Brenner und die Germanistin Rachel Salamander bereits eine alle ein bis zwei Jahre in

Schloss Elmau stattfindende jüdische Kulturtagung *Tarbut* ins Leben gerufen. Noch im Jahr meiner Ordination wurde ich eingeladen, dort in Anwesenheit wichtiger Vertreter des *Zentralrats der Juden in Deutschland*, unter ihnen der inzwischen verstorbene Präsident Paul Spiegel, liberale Gottesdienste zu leiten. Nicht zu vergessen die rabbinischen Kommentare, die ich für verschiedene Schabbat-Sendungen der öffentlich-rechtlichen Radiosender verfasste, und die zahlreichen Einladungen zu den Foren des christlich-jüdischen Dialogs. All dies ermöglichte mir von Anfang an eine Existenz als Rabbinerin, auch wenn das jüdische Leben noch nicht so weit war, sich von mir in einer festen Anstellung repräsentieren zu lassen.

Ohne dass ich es damals ahnen konnte, hatten sich jedoch für mich schon im Herbst 2004 die Weichen in Richtung Frankfurt am Main gestellt.

Frankfurt – Bürgerstadt, Stadt der Banken, Stadt der Zeitungen, alljährliche Veranstalterin der Buchmesse – ein Ort von Geld und Geist. Hier hatte sich 1994 in Deutschland die erste jüdische Gruppierung gebildet, die das Thema »Erneuerung« auf ihre Fahne schrieb. Ein Produkt dieser Entwicklung war ich. Zehn Jahre nach seiner Gründung lud mich der *Egalitäre Minjan* in der Jüdischen Gemeinde Frankfurt am Main – so nannte sich die Gruppe inzwischen – zu seinem Jubiläum ein.

Die Stadt Frankfurt hatte schon immer eine besondere Rolle in der jüdischen Geschichte Deutschlands gespielt. In den 1920er Jahren gründete Franz Rosenzweig hier das wegweisende Jüdische Lehrhaus. Sein Mentor, der charismatische Rabbiner Nehemia Nobel, hatte eine ganze Generation jüdischer Intellektueller – nicht zuletzt der Frankfurter Schule – geprägt. Ein halbes Jahrhundert zuvor, ab den 1850er Jahren, hatte Rabbiner Samson Raphael Hirsch von hier aus eine moderne Orthodoxie im Einklang mit säkularem Denken betrieben. Und hier empfing mich im Jahre 2004 eine Gruppe von liberal eingestellten Mitgliedern der jüdischen Gemeinde, deren Religiosität sich weit stärker, als ich es von anderen Städten her kannte, mit politischer Intellektualität verband. Ihr Interesse lag von vornherein an kreativen Schnittstellen der jüdischen Tradition mit den religionsphilosophischen, wirtschaftsdemokratischen, kulturpolitischen und multikulturellen Kräften der Gegenwart. Dies korrespondierte zugleich mit einer größeren Weitsicht und Offenheit der Frankfurter Jüdischen Gemeinde insgesamt. Anders als in vielen anderen Einheitsgemeinden hatte sich hier der einstige Vorsitzende Ignatz Bubis dafür eingesetzt, dass sich der *Egalitäre Minjan* in seinen Anfängen nicht abspaltete und eine eigene Gemeinde gründete. Vielmehr wurde er von der Gemeinde finanziell und räumlich ausgestattet, bekam im Laufe der Zeit eine eigene Synagoge, die sich im großen Gebäude der Frankfurter Westendsynagoge befindet, und schließlich auch das Budget für eine Rabbinerin. So ist in Frankfurt eine einzigartige Situation entstanden, die heute – nicht zuletzt im *Zentralrat der Juden in Deutschland* – als das »Frankfurter Modell« gepriesen wird: alle religiösen Ausrichtungen gedeihen unter dem einen Dach der Einheitsgemeinde. Am Schabbat beten liberale Juden in ihrer eigenen Synagoge, aber im selben Gebäude mit den anderen orthodoxen Ausrichtungen, die ebenfalls jeweils ihren eigenen Saal haben.

Die Zusammensetzung der Mitglieder mit ihren verschiedenen Herkünften machte den *Egalitären Minjan* von vornherein zu etwas Besonderem. Sie stammen aus höchst unterschiedlichen Regionen der Welt: neben Deutschland und anderen Herkunftsländern der nach der *Schoa* hier gebliebenen Juden – vor allem Polen – kommen sie aus der ehemaligen Sowjetunion sowie aus Mitteleuropa, aber auch aus Israel, den USA, Südafrika und sogar aus Argentinien, Uruguay und Eritrea. Viele von ihnen haben ein politisch aktives Vorleben, manche sind politische Flüchtlinge. Sie eint eine Vorstellung von Judentum, in der die Religion an eigenständiges Denken geknüpft ist. Deshalb ist es nicht erstaunlich und dennoch immer wieder spannend zu erleben, wie der geistige Horizont dieser höchst unterschiedlichen Juden im *Egalitären Minjan* selbstverständlich auch das

Erbe Rosenzweigs und Adornos einbezieht – wie er sich bewusst in die Tradition des liberalen Judentums in Deutschland stellt und die einstigen großen Namen Frankfurts – Reformrabbiner wie Caesar Seligmann oder Georg Salzberger – hochhält, aber eben auch den Begründer der modernen Orthodoxie, Samson Raphael Hirsch – schätzen kann.

Bei meiner ersten Begegnung, am Vorabend des zehnjährigen Jubiläums, bat man mich spontan um eine *Drascha* (Tora-Auslegung). Ich sprach über die verschiedenen Versionen der Zehn Gebote in der Tora (Ex. 20, Dt. 5) – über die Mehrstimmigkeit des göttlichen Wortes, selbst bei so etwas Fundamentalem wie den Zehn Geboten. Diese Mehrstimmigkeit sei die Voraussetzung für ein Judentum, das sich nicht in der Tora selbst begründet, sondern erst in der Auseinandersetzung mit den Fragen, die die Tora aufwirft.

Im Gottesdienst am darauffolgenden Morgen deutete ich das Wort »heilig« – *kadosch*: nicht als »abgesondert«, »erhaben« oder »entrückt«, sondern als einen politischen Begriff. Eine Gemeinde werde eine »heilige« Gemeinde, indem sie eine bestimmte Qualität erreiche, von der man will, dass die in ihr wirkende Kraft die Gesellschaft politisch gestaltet. Die Tora nenne die religiösen Vorbedingungen für diese politische Qualität – Vorbedingungen, die zwar in einer anderen, archaischen Gesellschaft formuliert worden waren, deren sozialethisches Grundverständnis und Verantwortungsbewusstsein aber in der Gegenwart immer noch gültig sind. An der gespannten Aufmerksamkeit spürte ich eine mir bis dahin unbekannte und fruchtbare Aufgeschlossenheit. Noch im selben Jahr lud mich der *Egalitäre Minjan* ein, die Hohen Feiertage – *Rosch Haschana* (das jüdische Neujahrsfest) und *Jom Kippur* (den großen Sühnetag) – zu leiten. Zusammen mit Daniel Kempin, der damals schon der Kantor der Gruppe war, gestaltete ich die Gottesdienste. Ich machte dabei die Erfahrung, eine Gemeinde religiös tragen und sie in den religiösen Höhepunkt des Jahres führen zu können, ohne selber das leiseste Moment von innerer Entfremdung zu verspüren. Im Gegenteil. Die Feiertage des

Jahres 5765 (2004) wurden mir zu einem kathartischen Erlebnis, und offenbar war dies ein Moment von Gegenseitigkeit. Es lag an dem besonderen religiösen Geist des Frankfurter *Egalitären Minjan*, der Bereitschaft seiner Mitglieder, neue Brücken zwischen Judentum und Wirklichkeit zu schlagen und damit den Weg einer innerjüdischen religiösen Erneuerung zu gehen.

Im Anschluss erhielt ich das Angebot, von nun an regelmäßig nach Frankfurt zu kommen, um in »Lern-Wochenenden« Gottesdienste zu leiten und jüdisches Wissen auf eine Weise zu vermitteln, die das Spirituelle mit dem Intellektuellen und das Religiöse mit dem Politischen verbindet. Von da an war ich fest mit dem *Egalitären Minjan* verbunden. Die Einheitsgemeinde, die die Gruppe finanziell unterstützte, finanzierte auch meine Besuche. Zunächst kam ich alle zwei Monate ein Wochenende lang, dann jeden Monat, und im Jahre 2009 wurde ich offiziell die Rabbinerin des *Egalitären Minjan* in der Jüdischen Gemeinde Frankfurt am Main.

Ich bemühte mich um einen Gottesdienst-Stil, der zu berühren und zu bewegen vermochte, aber auch zu Erkenntnis führte und zugleich ein Maximum an Mitbeteiligung erlaubte. Darüber hinaus hielt ich ungezählte *Draschot*, die immer wieder Zündstoff für Diskussionen boten. In entsprechenden *Schiurim* über die Struktur, Inhalte und historischen Hintergründe der Liturgie versuchte ich möglichst viele *Minjan*-Mitglieder zu befähigen, die Schabbat-Gottesdienste aktiv mitzugestalten. Mehreren brachte ich bei, wie man die Tora *lejnt* – sie in einem speziellen Sprechgesang vorträgt. Wer heute die Gottesdienste des *Minjan* besucht, muss einfach beeindruckt sein von dem hohen Maß an Partizipation aller Anwesenden. Die Grundlagen hierfür wurden damals gelegt.

Zugleich hielt ich *Schiurim* zu rabbinischem Schrifttum im Lichte heutiger gesellschaftspolitischer Fragestellungen. Mein Anspruch ging stets in die Richtung, Religion und Politik in eine neue Beziehung zueinander zu setzen, wobei ich hoffte, dass mir die jüdische Tradition hierzu besondere geistige Zugänge ermöglichte. Monat um Monat diskutierten wir über

Passagen im *Talmud* und den *Midraschim* in der Verbindung mit moderner Philosophie, politischer Theorie, Wirtschaftsethik und anderen geistigen Traditionen, die die Gegenwart bestimmen. Beim Schreiben dieser Zeilen lese ich noch einmal die einstigen Ankündigungen:

- *Tempel oder Lehrhaus / Jerusalem oder Jawne?*
  Welche neuen Zeichen setzt der Talmud für die Zukunft der jüdischen Geschichte? Welche positive Diaspora-Identität bietet er?
- *Was haben Juden vom Messias zu erwarten?*
  Wir lesen eine kritische Auseinandersetzung mit dem Konzept des Messias im babylonischen Talmud.
- *Wir und die Anderen*
  Die für die Menschheit geltenden »noachidischen Gesetze« im Talmud
- *Theokratie und Demokratie im Talmud*
- *Die »kommende Welt« als politischer Begriff*
- *Auserwählung und die gesellschaftlichen Konsequenzen*

Viele dieser *Schiurim* wurden mir zu Momenten von großer Inspiration. Es lag an der geistigen Aufgeschlossenheit – einem unbefangenen Enthusiasmus, den sich der *Egalitäre Minjan* bewahrt hat und der heute weit über die Grenzen Frankfurts hinaus Juden am Schabbat anzieht.

Aber noch eine andere Weiche enthielt das von vornherein in meinem Leben wiederkehrende Gefühl einer Bestimmung, dem ich letztlich immer gefolgt bin. Eine Bekannte machte mich Ende 2004 auf eine neu entstehende jüdische Gemeinde in Amsterdam aufmerksam. Diese trug den Anspruch der »Erneuerung« bereits in ihrem Namen. Die Gemeinde hieß *Beit Ha'Chidush*, auf Deutsch: »Haus der Erneuerung«. Ich kannte einige ihrer Mitglieder, vor allem unter den Frauen, von denen manche die Tagungen von *Bet Debora* in Berlin besucht hatten. Als informelle Gruppe war *Beit Ha'Chidush* ungefähr zur selben Zeit entstanden wie die meisten der liberalen Aufbrüche in Europa um die Mitte der 1990er Jahre. Ich erfuhr von der Bekannten, dass *Beit Ha'Chidush* inzwischen eine eigenständige jüdische Gemeinde geworden sei und einen Rabbiner suche – gern auch eine Rabbinerin – gern auch eine, die für Erneuerung stehe.

Gewünscht war jemand, der oder die flexibler mit der *Halacha*, den jüdischen Religionsgesetzen umgehen würde, beispielsweise Kinder jüdischer Väter gleichberechtigt als Juden anerkenne, wie dies im amerikanischen Reformjudentum üblich war, und sogar noch einen Schritt weiter auf Menschen mit einem »jüdischen Schicksal« zugehe: beispielsweise Menschen, die jüdische Vorfahren haben, die in der Schoa ermordet wurden oder das Judentum als Religion verlassen hatten, wobei die jüdische Herkunft als emotionale Bindung in den Nachfahren fortwirkte. *Beit Ha'Chidush* wusste um die Wunden vieler, die durch die halachische Definition, wer Jude sei, oftmals sehr verletzend von den jüdischen Gemeinden ausgegrenzt worden waren.

Neben solchen formellen Aspekten jüdischer Erneuerung spielte die Frage ritueller Erneuerung eine ebenso wichtige Rolle. Die Gemeinde wünschte sich eine Weiterentwicklung von Ritualen, die nicht mehr nur auf die althergebrachten Ideale zugeschnitten waren, sondern sich auf die volle Lebenswirklichkeit der Juden im 21. Jahrhundert bezogen. Das markanteste Beispiel hiervon war die Homo-Ehe, ein Reizthema, das zugleich auch für das Selbstverständnis der Niederlande wichtig ist. Gerade zu diesem Thema hatte ich mich gleich nach meiner Ordination positiv geäußert, indem ich die erste Homo-Beziehung in der jüdischen Geschichte in Deutschland mit einem *Brit Ahuwim* – einem »Bund der Liebenden« – gesegnet hatte. Ich machte dabei deutlich, dass es um das Kriterium der »Heiligkeit« gehe. Eine um Heiligkeit bewusste Liebesbeziehung sei ich als Rabbinerin bereit zu segnen – egal welches Geschlecht die Partner haben. Unheilige Beziehungen der Ausnutzung, Lieblosigkeit oder auch der Unterdrückung und des Zwangs lehnte ich hingegen ab, selbst wenn die Partner hetero und jüdisch sind.

Beit Ha'Chidush wurde unterstützt von der niederländischen Stiftung *Maror* (benannt nach dem Bitterkraut, das am *Seder*-Abend gegessen wird). Diese war aus dem Geld der Konten ehemaliger jüdischer Eigentümer entstanden, die in der *Schoa* umgekommen waren. Mit dem Geld wurden Projekte zur Erneuerung des jüdischen Lebens in den Niederlanden finanziert, darunter auch die Stelle einer Rabbinerin für *Beit Ha'Chidush*.

Die Stelle schien irgendwie wie für mich geschaffen.

Trotzdem zögerte ich. Wieder in die Niederlande ziehen? Es sprach durchaus viel dagegen. Emotional lag die Zeit im Internat und an der Universität Nimwegen lange hinter mir. Wenn ich es recht betrachtete, hatte sich das Land seitdem nicht zum Besseren entwickelt. Der neue Rechtspopulismus, zuerst von Pim Fortuyn, dann von Geert Wilders, eine starke Islam-Feindlichkeit und ein intellektuelles Klima, das von immer schärferen, neokonservativen und neoliberalen Tönen beherrscht wurde, bestätigten mir, dass die Saat, die ich bereits unter den Jugendlichen im Internat wahrgenommen hatte, inzwischen aufgegangen war.

Dafür Berlin verlassen?

Ich konnte meinen inneren Widerständen kaum Gehör geben, als mich bereits der Vorstand von *Beit Ha'Chidush* kontaktierte und drängte, mich zu bewerben. So fuhr ich im November 2004 nach Amsterdam und hielt dort in einer entzückenden Synagoge aus dem 17. Jahrhundert, die *Beit Ha'Chidush* in der Nähe des Waterlooplein mietete, meine erste jüdische Predigt in Niederländisch.

Ich bekam die Stelle.

Erst im Nachhinein erfuhr ich, dass ich Konkurrenten hatte – Rabbiner aus Israel und den USA. Doch einer meiner Vorteile sei gewesen, dass ich Niederländisch sprach – damals zwar noch ein stark eingerostetes Niederländisch, das ich erst wieder aus der hintersten Rumpelkammer hervorholen musste, aber doch die Sprache des Landes, in das meine Großeltern 1933 emigriert waren und in dem meine Mutter geboren wurde. Meine zweite Muttersprache – im echten Sinne des Wortes. Ein

Niederländisch, aus dem die authentische Erfahrung sprach, in einem Europa nach der Schoa aufgewachsen zu sein und die emotionale Situation der Juden meiner Generation zu kennen. Wer hätte gedacht, dass sich meine niederländischen Sprachkenntnisse noch einmal als Vorteil erweisen würden! Und doch hätte es keine symbolischere Fügung geben können. Ausgerechnet in diesem Land wurde ich im Mai 2005 von den Medien begeistert als die erste Rabbinerin in der niederländisch-jüdischen Geschichte gefeiert. Ich erhielt damit auch die Chance, mich mit meiner Kindheit in den Niederlanden auszusöhnen, was für meinen weiteren Weg dringend nötig war. Das Land, das mittlerweile so viel weniger sympathisch erschien als vor Jahren, als man es wegen seiner Toleranz und Demokratie bewunderte, das Land, das eine Identitätskrise gefangen hielt und das »Feinde« wie den Islam brauchte, um sich selbst noch als »niederländisch« wahrzunehmen, dieses Land ließ mich offenbar nicht einfach so gehen. Meine niederländische Vergangenheit holte mich ein. Dafür gab ich Berlin auf und zog nach Amsterdam. Das hieß – ich bewegte mich fortan in zwei Städten: Amsterdam und Frankfurt, wohin ich monatlich von Amsterdam aus fuhr.

In den Jahren nach meiner Ordination wurde ich immer wieder gefragt, ob mich das rabbinische Establishment – das orthodoxe Rabbinat und etablierte liberale Rabbiner – »anerkenne«. Anfangs war es in der Tat für mich sowohl in Deutschland als auch den Niederlanden schwierig. In beiden Ländern erfuhr ich die Reserviertheit meiner Kollegen. Doch auch wenn ich deswegen unangenehme Momente erlebte, war die Frage meiner rabbinischen Anerkennung für mich selbst nicht wirklich entscheidend. Ohnehin löste sich der Widerstand gegen mich mit der Zeit auf. Schon im Jahre 2006 wurde ich von der *Rabbinic Conference* von *Liberal Judaism* in London aufgenommen und bin seitdem mit dem dortigen *Bet Din* (Rabbinatsgericht) verbunden. Für die Positionierung von *Beit Ha'Chidush* war das ein wichtiger Schritt. Die Gemeinde hatte nunmehr eine von mir repräsentierte starke Organisation im Rücken, deren *Bet Din* auch Übertritte ins Judentum ermöglichte. Trotz ihrer kleinen Mitgliederzahl war *Beit Ha'Chidush* damit den größeren Gemeinden in den Niederlanden gegenüber ebenbürtig geworden. Mit der konservativeren liberaljüdischen Gemeinde in Amsterdam konnte überdies Ende 2008 ein Kooperationsvertrag abgeschlossen werden, durch den ich wiederum im niederländischen Rabbinat anerkannt war. In der Zwischenzeit wurde ich aber auch von der Allgemeinen Rabbinerkonferenz (ARK) in Deutschland aufgenommen.

Zugleich genoss ich als Rabbinerin, die sich von vornherein als »irgendwie anders« aufstellt, die einerseits in der Tradition steht und andrerseits mit den Mitteln der Tradition neue Wege einschlägt, das Privileg besonderer Chancen. In Amsterdam war das beispielsweise die Herausgabe eines neuen *Sidurs* – eines jüdischen Gebetbuches mit einem einzigartigen, graphischen Buch-Design. An diesem *Sidur Ha'Chidush* (»Gebetbuch der Erneuerung«) arbeiteten alle interessierten Gemeindemitglieder mit. Er diente auch zur Überwindung ihrer ideologischen Differenzen, die mit den verschiedenen liberalen Richtungen zu tun haben. Darüber hinaus aber erkannte er verschiedene, mitunter widerstreitende Motivationen an, sich in die jüdische Tradition zu stellen. Um den hebräischen Gebetstext herum ranken sich gleichberechtigt traditionell-religiöse, aber auch säkulare, kabbalistische, literarische, religionsphilosophische und politische Kommentare sowie historische Erklärungen zur Entstehung und Noten für die Lieder. Jeder Zugang zum Gebet wurde damit gutgeheißen. In der überregionalen jüdischen Zeitung der Niederlande – dem *NIW (Nieuw Israelitisch Weekblad)* wurde der *Sidur* ausführlich besprochen, mit dem Effekt, dass er binnen weniger Wochen ausverkauft war und eine zweite Auflage erforderlich wurde.

Aber auch in Frankfurt bekam ich die Möglichkeit einer neuen Herangehensweise an die religiöse Praxis. Im Jahre 2006 feierte der *Egalitäre Minjan* seine *Bat Mizwa* und im Jahr darauf seine *Bar Mizwa* – also seine »religiöse Mündigkeit«, wie sie im

Judentum von den Mädchen und Jungen gefeiert wird, nur mit dem Unterschied, dass es sich hier um eine Institution handelte. Die Mitglieder entschieden, dass im ersten Jahr die Frauen für die Ausgestaltung des Festes verantwortlich sind, im zweiten Jahr die Männer, und dass sich bei der Ausgestaltung alle persönlichen und geistigen Bezüge der Mitglieder zur jüdischen Tradition artikulieren sollten. Auf diese Weise entstanden zwei kreative, groß angelegte Gottesdienstfeiern, bei denen auch führende Repräsentanten des jüdischen Lebens in Frankfurt anwesend waren. Der *Minjan* zeigte sich dabei in all seinen Facetten.

Auf seine selbsterklärte Mündigkeit reagierte die jüdische Gemeinde mit einem weit über Frankfurt hinaus sichtbaren Zeichen der Anerkennung. Nach Jahren, in denen der *Minjan* seine Schabbatgottesdienste nur im Seniorenklub und anderen unbefriedigenden Räumlichkeiten der Gemeinde feiern konnte, erhielt er endlich eine eigene Synagoge. Zur Verfügung wurde der einstige Trausaal gestellt – ein wunderschöner, in Türkis- und Goldtönen gehaltener Synagogenraum in dem großen Gebäude, in dem sich auch die orthodoxe Westendsynagoge befindet. In diesem Gebäude hält der *Egalitäre Minjan* der Frankfurter Jüdischen Gemeinde seitdem seine liberalen Gottesdienste – parallel zu den gleichzeitig stattfindenden orthodoxen Gottesdiensten im zentralen Saal. In dieser Synagoge fand auch im September 2009 meine eigene, offizielle Amtseinführung als Rabbinerin statt – wieder in Anwesenheit vieler Repräsentanten des jüdischen Lebens in Frankfurt, nicht zuletzt des heutigen Zentralratspräsidenten Dieter Graumann.

Unter der Doppelbelastung – *Beit Ha'Chidush* in Amsterdam und *Egalitärer Minjan* in Frankfurt – hatte ich mich entschieden, ganz nach Frankfurt zu ziehen. Es war keine leichte Entscheidung. Bis heute bin ich emotional mit *Beit Ha'Chidush* verbunden. Die Last zweier Gemeinden war jedoch nicht der einzige Grund. Es schwang in der Entscheidung noch ein Weiteres mit. Es war ein Leitmotiv meines Lebens, das mich schon in meinen Studentenjahren zur Rückkehr bewogen hatte:

Vielleicht ging es nicht einmal nur um mich, vielleicht tat ich damit etwas im Namen meiner Familie, meiner Vorfahren – *heimkehren*. Vor 25 Jahren hatte ich es mitten in meinem Studium in Nimwegen schon einmal getan. Jetzt tat ich es wieder. *Heimkehren nach Deutschland.*

Als ich im Jahre 2009 ganz nach Frankfurt zog, war meine Anerkennung längst kein Thema mehr. Mich umtrieb inzwischen eine ganz andere Frage. Nicht meine Anerkennung als Rabbinerin, sondern die der Religion insgesamt. Wir leben in einer Zeit, in der sich die Mehrheit der Juden nicht mehr als »religiös« bezeichnen mag, ja sogar der offiziellen Religion, vor allem dem Rabbinat gegenüber, den Rücken gekehrt hat. Dies spiegelt nur eine größere Entwicklung wider, die sich derzeit in allen westlichen Gesellschaften vollzieht. Immer mehr Menschen berufen sich auf keine religiöse Identität mehr.

In meinen Kreisen bezeichnen sich viele Juden als »säkular«. Sie fühlen sich nach wie vor »jüdisch« und sind zumeist auch noch der jüdischen Tradition verbunden – aber eben nicht in einem »religiösen« Sinne, auch nicht unbedingt in einem »ethnischen«. Sie haben durchaus tiefere, menschheitliche Werte, die sie bewusst aus der jüdischen Religion schöpfen, der sie aber als »Religion« keine autoritative Anerkennung mehr zumessen. Wie muss sich die jüdische Tradition heute aufstellen, wie muss sie sich erneuern, damit ihr Erbe weiterlebt – auch wenn es sich nicht mehr nur im Rahmen der tradierten Religion darstellt?

In jedem europäischen Land steht das Attribut »säkular« in einem anderen historischen Kontext. Gerade in diesem Punkt erwies sich der Vergleich zwischen den Niederlanden und Deutschland für mich als unschätzbar: in Amsterdam musste ich sehr viel stärker mit der Erkenntnis umgehen lernen, wie tief die Spaltung zwischen »religiösen« und »säkularen« Juden wirkt. In Deutschland beginnt das moderne Judentum bei Moses Mendelssohn, der das Primat der Vernunft in der jüdischen Religion selbst angelegt sah und deshalb zu keiner rigorosen

Aufspaltung zwischen »religiös« und »säkular« drängte. In den Niederlanden hingegen beginnt das moderne Judentum schon bei Spinoza und erzeugte einen scheinbar unüberbrückbaren Graben. Diesem begegnete ich in dem wiederkehrenden Angstreflex unter »säkularen« Juden, als »religiös« abgestempelt zu werden. So gehörte ich beispielsweise einer Kommission an, die bei *Beit Ha'Chidush* die neuen Gemeindemitglieder aufnahm. Eines der Ziele war die »De-Assimilierung«. Im vergangenen Jahrhundert hatten sich unzählige niederländische Juden von der jüdischen Religion abgewandt und nicht mehr in jüdischen Kontexten gelebt. Ihren Kindern, Enkeln – bisweilen auch Urenkeln – wollte *Beit Ha'Chidush* die Rückkehr ins Judentum ermöglichen. Wie sehr sich die Betroffenen auch wünschten, wieder »dazuzugehören« und wie niedrig hierfür die religiösen Kriterien bei *Beit Ha'Chidush* gestellt waren, bemerkte ich doch immer wieder den inneren Widerstand neuer Mitglieder gegen die Aussicht, Mitglied einer »Religionsgemeinschaft« – einer *kerkgenootschap* – zu werden. Gewiss – das Wissen um die *Schoa* verstärkte die Angst, als »Jude« in einer Liste geführt zu werden. Mit der Zeit lernte ich jedoch, das Argument der *Schoa* immer mehr auch als eine Ausrede oder jedenfalls nicht als die einzige Ursache für eine tief sitzende Abwehr gegenüber jedwedem jüdischen Religionsbewusstsein wahrzunehmen. Wie oft wurde ich bei Aufnahmegesprächen mit neuen Mitgliedern mit einem ambivalenten Gesichtsausdruck konfrontiert und gefragt: »Muss ich jetzt auch an Gott glauben?«

Spinoza hatte im *Theologisch-Politischen Traktat* den Anspruch der Religionen, eine eigenständige, politische Kraft zu sein, eine Absage erteilt, deren Absolutheit für die jüdischen Anhänger der Aufklärung kaum überwindbar scheint. Eine Identifikation mit dem Judentum wirkt darum für viele wie ein Bekenntnis zu rückständigen Vorstellungen von rabbinischer Theokratie. Der Graben zieht sich jedoch nicht nur durch die jüdische, sondern durch die niederländische Gesellschaft insgesamt. Gegenüber großen Teilen in der Bevölkerung, die antiklerikal eingestellt sind, gibt es einen sich mitten durch das

Land ziehenden »Bibelgürtel« mit einem großen, wiederum radikal-religiös eingestellten Bevölkerungsanteil. Die Spaltung wird vertieft durch einen neuen, von Protagonisten wie Richard Dawkins aggressiv vertretenen Atheismus, der sich auf Evolution und Wissenschaft beruft. Meinem Eindruck nach trifft er in den Niederlanden auf ein empfänglicheres Publikum als in Deutschland. Überhaupt erscheint mir die niederländische Gesellschaft seit der Konfrontation mit dem radikalen Islam in wichtigen Fragen viel polarisierter als die deutsche. Es wird eine heftige Debatte über Wert und Bedeutung von Religion geführt, in der theokratisch eingestellte Christen, aber auch demokratisch eingestellte Muslime oftmals viel prononciertere Standpunkte einnehmen, als ich sie aus Deutschland kenne, wo nicht-religiös eingestellte Menschen insgesamt mehr Toleranz gegenüber der religiösen Dimension des Lebens zeigen.

Dies alles forderte mich zu einem neuen Lernprozess heraus. Es war ja nicht so, dass ich ohne Weiteres zu den »Religiösen« gehörte. Auch meine Religiosität verlangte ein »säkulares« Umfeld. Die großen Errungenschaften, von denen ich heute profitiere – die Freiheit des Denkens, die demokratische Gestaltung der westlichen Gesellschaft, die Gleichberechtigung der Frau, soziale Mindestgarantien – sind von säkularen Bewegungen erkämpft worden. Ich kann die Feindschaft säkular eingestellter Menschen gegen die Religion verstehen, da gerade die offizielle, institutionalisierte Religion mit ihrem Klerus diese Errungenschaften immer wieder zu verhindern versuchte. Doch als Forderungen sind diese Errungenschaften ursprünglich in der Religion, gerade auch in der jüdischen Religion angelegt. Aber leider haben die institutionalisierten Religionen sie nur als eine Ahnung gewahrt und ansonsten in ihrer Geschichte oftmals eher unterdrückt als verwirklicht. Berechtigterweise haben sie darum viel von ihrer Glaubwürdigkeit verloren.

Aber sind die Religionen, weil sie in der Vergangenheit nicht ausreichend für die Menschenrechte eingetreten sind, grundsätzlich obsolet geworden? Haben nicht alle Menschen eine religiöse Dimension? Ist diese religiöse Dimension nicht die

Voraussetzung, um über die Grenzen des Individuums hinaus größere Gemeinschaften zu bilden? Beginnt darum nicht alles politische Denken in der religiösen Dimension, zumal es in der Politik immer um die Gemeinschaft geht? Begründen sich nicht alle politischen Emanzipationen in dieser religiösen Dimension – und entspringen ihr nicht auch die politischen Parameter, an denen sich unsere heutige Gesellschaft bemisst – die Gleichheit vor dem Gesetz, der soziale Zusammenhalt, das Recht sich zu verwirklichen? Liegt nicht – auch individuell gesehen – in der religiösen Dimension die eigentliche Legitimation von Freiheit? Kennt nicht jeder Mensch das Gefühl von Bestimmung? Bezieht sich das Recht auf Freiheit nicht genau auf diese Bestimmung, die aber nur in der religiösen Dimension Sinn macht und weniger ein Recht auf Freiheit verlangt als eine *Pflicht zur Freiheit* ist?

Eine, auf eine bessere Zukunft hin ausgerichtete Politik, bedarf aus meiner Sicht immer eines teleologischen Horizontes – und bemisst sich deshalb immer auch an einer religiösen Dimension. Ihre Verwirklichung geschieht jedoch in einer säkularen Wirklichkeit. All die Fragen, die sich mir gerade in meiner Zeit in den Niederlanden immer drängender stellten, forderten mich darum heraus, das Wort »säkular« neu zu bestimmen, ohne es gegen das Wort »religiös« auszuspielen. Und dies ist meine neu gewonnene Sicht:

»Säkular« bedeutet nicht mehr und nicht weniger als »weltlich«. Wer säkular denkt, geht davon aus, dass nicht Gott, sondern die Menschen die religiöse Dimension verwirklichen, indem sie selbst ihre Gesellschaftsordnung und die dazugehörigen Gesetze schaffen. Das Gegenteil von »säkular« ist darum nicht »religiös«, sondern – »theokratisch«. Ein säkulares System erkennt an, dass Entscheidungen immer nur von fehlbaren Menschen getroffen werden und darum hinterfragbar bleiben. Jeder, der die Demokratie aus den Grundlagen der Religion begründet, ist »religiös-säkular«. Eine Theokratie will hingegen eine unhinterfragbare Gesellschaftsordnung durchsetzen, die von Gott angeblich nur so und nicht anders entworfen ist. Sie fordert von den Menschen, sich in diese Ordnung einzufügen und dem unfehlbaren Willen Gottes nachzukommen. An der Macht sind Stellvertreter Gottes, deren Verantwortung sich allein daran bemisst, in welchem Maße sie den Willen Gottes durchsetzen. Ein fundamentalistisches Verständnis von Religion will entsprechend eine Theokratie. Man tut religiös motivierten Kräften, die für Menschenrechte und Demokratie eintreten, Unrecht, wenn man sie in dieselbe Ecke wie die Theokraten stellt. Und man verkennt dabei ein religiös-politisches Potential, das sich nur in einem säkularen System verwirklichen lässt.

Ich bin also eine religiös-säkulare Rabbinerin, die sich für eine jüdische Erneuerung einsetzt, indem sie bewusst das Attribut »säkular« für sich reklamiert. Ich will damit zugleich die Passivität derjenigen Juden herausfordern, die fataler Weise glauben, sich von der religiösen Dimension verabschieden zu können, damit aber der zunehmenden Sinnentleerung der Gesellschaft zusehen und zugleich das religiöse Feld einem orthodox-theokratisch eingestellten Rabbinat überlassen. Ich weiß mich mit meiner religiös-säkularen Weltanschauung in bester Tradition mit meinen rabbinischen Vorgängern. Die Feststellung mag erstaunen: Das rabbinische Judentum – vor allem der Talmud – ist eine säkular ausgerichtete Religion. Nicht Gott schrieb im Talmud die *Halacha*, die jüdischen Gesetze, sondern sie wurde von Menschen – Rabbinern – entwickelt. Sie diskutierten über sie, erkannten bestimmte Gesetze als nicht mehr adäquat an, korrigierten sie oder schufen neue Gesetze. Gewiss, sie alle waren von Gott inspiriert. Doch wie dessen Wille zu interpretieren war, darüber gingen, wie der Talmud immer wieder zugibt, die Meinungen weit auseinander.

In der zweiten Hälfte des 20. Jahrhunderts hat sich das religiöse Judentum in Europa nicht mehr inhaltlich auf die säkulare Wirklichkeit eingelassen. Die Schoa ist ein Grund. Totalitärer Kommunismus und Atheismus ein anderer. Zu den aufgezwungen äußeren Gründen kommt jedoch die innere Bereitschaft hinzu, sich auf das abgesonderte Terrain der religiösen Traditionspflege abdrängen zu lassen. Von dorther lässt sich kaum ein echter Anspruch auf eine aktive Mitgestaltung der Gesellschaft erheben. Die institutionelle Trennung zwischen Staat und Kirche war eine Errungenschaft. Doch die Trennung zwischen Religion und Politik leitet fehl. Religion muss politisch sein, wenn sie sich selbst ernst nimmt, wie Politik umgekehrt immer auch eine religiöse Dimension enthält.

Jüdisch gesehen umfasst der politische Anteil der religiösen Dimension – idealerweise – mehr als nur ganz allgemeine Maximen wie Gerechtigkeit, Solidarität oder Frieden. Er beurteilt in der konkreten Wirklichkeit des gesellschaftspolitischen, sozialen und wirtschaftlichen Lebens das Zusammenspiel der Details auf zwei Richtungen hin: heilig oder Unheil? An dieser Frage hält er den einzelnen Juden zu Handlungsentscheidungen an, die der Heiligung konkreter Lebenszusammenhänge dienen. Dabei berühren die großen politischen Fragen der Gegenwart – etwa die Entwicklung Europas und ihre jüngsten Krisen – auch den politischen Anteil der Religion. Sie fordern somit auch jeden in Europa lebenden Juden mit heraus.

Doch ähnlich wie das Christentum stellt sich das religiöse Judentum heute zumeist losgelöst von der realen Wirklichkeit auf. Es ist ein Judentum, das allein am Schabbat stattfindet. Der Schabbat als der »heilige« Tag hat dabei für viele Juden kaum etwas mit den Wochentagen zu tun. Wer am Schabbat die Synagoge betritt, lässt zumeist die Welt hinter sich, wie auch der Schabbat mit dem Wochenbeginn mehr oder weniger bezugslos zurückbleibt. Rabbiner zu sein heißt nach dieser Auffassung: als Rabbiner für die losgelöste Zeitzone des Schabbat oder anderer jüdischer Feiertage zuständig zu sein. Gewiss – Gottesdienste und Rituale enthalten und vermitteln in ihrer Symbolik, zum Teil nonverbal, uraltes menschheitliches Wissen darüber, was »heilig« ist. Aber wenn Heiligkeit in eine vom Leben weitgehend abgelöste Zone verbannt ist, implodiert sie, krankt an ihrer Bezugslosigkeit zur real erfahrenen Welt. Religiöses Judentum darf darum nicht nur etwas für den Schabbat sein. Es muss vielmehr in die Mitte der Gesellschaft hineinreichen – ohne orthodox und theokratisch zu werden. Es muss die

Gesellschaft mitgestalten wollen und die säkulare Dimension der Religion wie auch umgekehrt: die religiöse Dimension in den gesellschaftlichen Prozessen erschließen.

Gerade die im Talmud bezeugte Tradition des rabbinischen Judentums hätte viel einzubringen. Denn sie hat nicht die säkulare Wirklichkeit als schmutzige Niederung verdammt und sich ihr entzogen, sondern sich vielmehr bewusst in sie eingehakt. Sie hat einen religiösen Maßstab mit einem säkularen Realismus zu verbinden vermocht und damit auf allen Feldern des Zusammenlebens den Anspruch vertreten, konkret zur Verwirklichung einer besseren Welt beizutragen. Der Talmud diskutiert in den entsprechenden Traktaten – allein drei Traktate zum rabbinischen Verständnis von Politik, drei weitere zur Wirtschaft, sogar eine ganze Ordnung von Traktaten zur Landwirtschaft, die als Grundlage einer ökologischen Theologie gelesen werden kann – wie der religiöse Maßstab der Rabbinen auf eine säkulare Weise die Politik, die Wirtschaft und die sozialen Verhältnisse konkret und im Detail mitbestimmt. Diese Art von Debatte, das heißt von religiöser Annäherung an die säkulare Wirklichkeit, ohne in eine theokratische Falle zu gehen, wünsche ich mir heute.

Schnittstellen, an denen sich die jüdische Religion heute erneut auf die säkulare Wirklichkeit einlassen kann, habe ich bereits in Amsterdam im Rahmen eines sogenannten »säkularen *Mincha*« – eines »säkularen Nachmittagsgottesdienstes« – aufzuzeigen versucht. Die Gemeinde lud Menschen jüdischer Herkunft ein, die eine Rolle im wirtschafts-, gesellschafts- und kulturpolitischen Leben spielen, und beleuchtete ihr Engagement in einem religiösen Licht. Im Frankfurter *Egalitären Minjan* bildete sich später ein ähnliches Forum. Im Rahmen von *Schiurim* diskutierten wir über allgemeine, gesellschaftspolitische Fragen. Dies verbanden wir immer mit der Lektüre vergleichbarer rabbinischer Auseinandersetzungen im Talmud. Dabei bildete sich unverhofft ein neuer Schwerpunkt heraus. Die wirtschaftlich versierten Mitglieder bemühten sich anhand von Rechtsvergleichen, politischer Ökonomie und Verhaltenstheorien um eine spezifisch jüdisch-religiöse Sicht auch auf die globale Wirtschaftsentwicklung. Im Zentrum standen Themen wie »Zinsen«, »Wert und Profit«, »Preispolitik« und »Anti-Krisenstrategien«. Für viele der aufgeworfenen Fragen finden sich aufschlussreiche Referenzen im Talmud. Die einstigen Rabbinen fragten, ob und wie sich die Gott-Mensch-Beziehung auch in der Wirtschaft verwirklichen lässt. Gewiss – die Gesellschaft von damals war eine andere als die heutige. Die rabbinischen Vorstellungen im Talmud greifen darum nur bedingt. Trotzdem beeindruckt, wie sie die säkulare Wirklichkeit – nämlich die Notwendigkeit einer funktionierenden Wirtschaft – nicht ablehnten. Auch Wirtschaftspolitik konnte nach rabbinischer Ansicht Gottesdienst sein, wenn sie der Verwirklichung der Gott-Mensch-Beziehung, widergespiegelt in einem sozialen Gemeinwesen, diente.

Eine Folge hiervon war die Gründung eines neuen, mittlerweile viel beachteten Vereins, an der ich mitwirkte und der interessierten Juden und Nichtjuden offensteht: *Torat Hakalaka* – Verein zur Förderung angewandter, jüdischer Wirtschafts- und Sozialethik.

Die jüdische Tradition unterscheidet zwischen *kadosch* und *chol* – zwischen heilig und profan. *Kadosch* ist der Schabbat, *Chol* ist der Wochentag. Heute ist es weniger eine Herausforderung, das bereits Heilige abermals zu heiligen, als das zu heiligende Potential im Profanen zu erkennen. Ich möchte nicht nur Rabbinerin für den Schabbat sein – ich möchte auch eine Rabbinerin für den *Chol* sein, eine Rabbinerin der säkularen Wirklichkeit.

»Heilig« war schon in der Tora ein politischer Begriff und wurde in der jüdischen Tradition an Handlungen gebunden, mit denen sich das jüdische Volk insgesamt heiligte. Indem das Wort *kadosch* beispielsweise an soziales Verhalten und Gerechtigkeit geknüpft war, verwies es in die Mitte des Geschehens und ist auch heute nicht losgelöst vom Rest der Welt zu sehen. Es ist darum falsch, die jüdische Religion allein in den Schabbat und die Feiertage zu bannen. Überhaupt sollte man sich fragen, ob sich das Jüdische auf die religiöse Praxis und die Rituale beschränkt oder ob es sich nicht vielmehr in allen gesellschaftlichen Bereichen niederschlagen sollte. Ist es überhaupt richtig, Judentum als eine »Religion« – nach dem allgemeinen, christlich geprägten Verständnis des Wortes – zu präsentieren? Die Einteilung der Welt in eine »real existierende« gegenüber einer »geglaubten« Dimension löst bei Juden zumeist Unbehagen aus. Sie führen dies auf eine im Christentum verankerte Sicht zurück, die das Religiöse einer übernatürlichen, überweltlichen und übermateriellen Sphäre zuordnet. Im Ringen um einen gleichberechtigten Platz in Deutschland hat sich das Judentum ebenfalls als eine »Religion« darzustellen gelernt. Zu den Glaubensbekenntnissen der christlichen Konfessionen schien es nur ein weiteres, nämlich ein jüdisches Glaubensbekenntnis hinzuzufügen. Das Judentum sieht dabei so aus, als wäre es ein Glaube – so wie das Christentum, jedoch »minus Jesus«. Diese Verengung müsste das religiöse Judentum in Deutschland heute in der Beziehung zur säkularen Wirklichkeit überwinden lernen.

Möglicherweise gilt dies aber auch für die anderen Religionen. Möglicherweise tritt der interreligiöse Dialog heute auf der Stelle, weil sich die Religionsvertreter zwar darin gegenseitig ihre jeweils religiöse Tradition erklären, was sicherlich zu mehr gegenseitigem Verständnis beiträgt. Aber sie tun den eigentlichen Schritt nicht, den sie tun müssten, damit Religionen in der heutigen Gesellschaft eine konstruktive, sinnstiftende, religiöspolitische Rolle spielen. Sie müssten sich auf die säkulare Wirklichkeit beziehen – mit den säkularen Gesellschaftskräften in ein religiös-säkulares Gespräch eintreten, das konstruktiv und weiterbildend auf die eigene Religion zurückwirkt.

In der Geschichte der Religionen hat das rabbinische Judentum dies schon einmal mit dem Talmud getan. Es gibt keinen Grund, warum die daraus erwachsene jüdische Tradition heute nicht stärker zu Bewusstsein gebracht werden sollte, um erneut ein religiös-säkulares Selbstverständnis zu ermöglichen. Bei

Juden – aber auch bei Nichtjuden. Was die gelebte und lebbare jüdische Wirklichkeit in Deutschland betrifft, kann ich mir ein jüdisches Leben vorstellen, das sich bewusst in verschiedenen Sphären mit Verbindungen dazwischen versteht und artikuliert. Es geht um drei Sphären, in denen sich – vom Judentum her – ein religiös-politisches Bewusstsein herausbildet. Das umschließt auch die offizielle Religion, die als Institution jedoch nicht allein den Ton angibt.

Die erste Sphäre sind die jüdischen Gemeinden, in denen das religiöse Judentum inhaltlich, spirituell und rituell tradiert wird. Es ist eine geschützte Sphäre von und für Juden. Schon in ihr sollten sich aber religiös-säkular eingestellte Rabbiner und Gemeindemitglieder entschieden theokratischen Vorstellungen verwahren, die das Bild des jüdisch-religiösen Lebens beispielsweise in Israel, mitunter aber auch in Deutschland prägen. In dieser ersten Sphäre müssten zugleich Übergänge aus dem religiösen Kern in die säkulare Wirklichkeit angelegt werden – Übergänge im Geist der *Schiurim* des *Egalitären Minjan* oder der säkularen *Minchas* bei *Beit Ha'Chidush*. Die Tradition muss so gelehrt werden, dass sich ihre zentralen religiösen Inhalte auf die säkulare Wirklichkeit beziehen können. Dies wäre eine Herausforderung auch für die heutige Rabbinerausbildung.

Eine zweite Sphäre ist die säkulare Welt, in der Juden – und auch Nichtjuden – jüdisch-religiöse Inhalte auf eine säkulare Weise verwirklichen. Als Beispiel nenne ich den seit einiger Zeit bestehenden »Arbeitskreis jüdischer Sozialdemokratinnen und Sozialdemokraten«. Er ist ein Forum, das unter anderem die politischen Inhalte der SPD aus ihren jüdischen Ursprüngen begründet. Gemeint ist nicht nur die Tatsache, dass zu den Gründern der Sozialdemakratie viele Juden zählten, sondern die sozialdemokratische Tradition in gewissen Hinsichten eine säkulare Umsetzung des Judentums ist. Ein anderes Beispiel ist der bereits erwähnte *Verein zur Förderung angewandter jüdischer Wirtschafts- und Sozialethik*. Es müsste aber noch viel mehr solcher Foren geben. Dass es sie nicht gibt, beweist wie tief das Tabu in unserer Gesellschaft gegen das Judentum wirkt. Das

Tabu lehnt es ab anzuerkennen, dass wichtige politische Errungenschaften in der Geschichte Europas ursprünglich im Judentum angelegt waren, vom Christentum verdrängt wurden, jedoch in den politischen Kämpfen der abendländischen Völker wieder hervortraten, ohne aber bewusst auf die jüdische Tradition zurückgeführt zu werden.

Die dritte Sphäre ist die große nichtjüdische Welt, in der viele Nichtjuden durchaus in einer jüdischen Tradition stehen, ohne sie selbst so zu benennen. Damit meine ich sogenannte »jüdische *Gojim*«, also diejenigen, die sich in maßgeblich von Juden geprägte Traditionen gestellt haben – demokratische Traditionen, wie die bereits genannte Sozialdemokratie, oder philosophische Traditionen, der von Hermann Cohen geprägte Neo-Kantianismus, der heute gegen den Relativismus gerichtet eine neue Würdigung erfährt, oder die Philosophie der Postmoderne mit Vertretern wie Derrida, Levinas oder Judith Butler. Sie finden sich auch in einem Denken, das religiös gesehen nicht bei ganz allgemeinen Moralvorstellungen beginnt und daran die konkrete Wirklichkeit bemisst, sondern aus einem ganz im Konkreten beginnenden Denken zu Schlussfolgerungen gelangt, in denen das Physische und das Metaphysische, das Materielle und das Moralische, säkular und religiös zwei Bahnen derselben Ausrichtung sind. Solche Nichtjuden sollten sich stärker auf das Judentum berufen können und auch von einem religiös-säkularen Verständnis des Judentums her als Teil des jüdischen Lebens angesehen werden. Sie zeigen zugleich, dass Judentum nicht allein in Traditionspflege bestehen kann, es vielmehr zur Mitgestaltung der Gesellschaft immer wieder neu erschlossen werden muss.

Ich sehe somit eine Herausforderung der kommenden Jahre darin, die religiösen Inhalte des Judentums so zu erschließen, dass sie auch als eine religiös-säkulare Geisteshaltung Juden und durchaus auch Nichtjuden ansprechen. Sicherlich könnten hiervon andere Religionen mit inspiriert werden, wenn sie sich neu auf die säkulare Wirklichkeit beziehen und damit zugleich den interreligiösen Dialog auf ein neues, wirklich-keitsnäheres Niveau heben wollen. Ansätze in diese Richtung gibt es bereits, beispielsweise den »Rat der Religionen« in Frankfurt. Er hat in seiner Satzung Bedingungen des gegensei-tigen Umgangs ausgearbeitet, die theokratischen Privilegien jeder Religion entgegenstehen, und darüber hinaus in die Rich-tung eines religiös begründeten Demokratieverständnisses in einer multireligiösen Wirklichkeit weisen.

Was das jüdische Leben betrifft, wäre dies nicht nur die Al-ternative zu theokratischen Religionsvorstellungen, sondern ein selbstbewusstes Ja zu einer positiven Diaspora-Identität – in Deutschland, in Europa. Es geht heute nicht mehr um die Frage, ob Juden eine »Religion« oder ein »Volk« oder beides sind, sondern um eine Erneuerung der religiösen Inhalte auf eine Weise, die als gelebte Religiosität zugleich die säkulare Mitgestaltung der Gegenwart auf allen Feldern betrifft. An die-sem Punkt bin ich heute – mitten auf einem Weg, auf dem ich hoffe, das politische Ferment der jüdischen Tradition, und in einem weiteren Sinne die religiöse Dimension der Politik über-haupt, sichtbar zu machen und an den Herausforderungen der Gegenwart zum Tragen zu bringen.

Glossar

Aish HaTorah   »Feuer der Tora«, Name einer Jeschiwa in Jerusalem

Alija, Alijot (Pl.)   Aufruf zur Tora-Lesung im Gottesdienst, auch: Auswanderung nach Israel

Aron Hakodesch   Tora-Schrein in der Synagoge

Aschkenasisch   »Deutsch«, die bis ins 20. Jahrhundert übliche Aussprache des Hebräischen unter den mittel- und osteuropäischen Juden

Ba'al Kerija, Ba'alat Kerija   Tora-Vorleser/-in

Bar Mizwa   religiöse Feier der 13-jährigen Jungen, die den Übergang in die Verantwortung des Erwachsenenalters markiert

Barchu   »Lasst uns segnen …«, Auftaktworte des jüdischen Gottesdienstes

Bat Mizwa   religiöse Feier der 12-jährigen Mädchen, die den Übergang in die Verantwortung des Erwachsenenalters markiert

Beit Ha'Chidush   »Haus der Erneuerung«, Name der progressiven jüdischen Gemeinde in Amsterdam

Besamim   Gewürze, an denen man am Ende des Schabbat riecht, um die Sinne für die Arbeitswoche zu wecken

Bet Debora   »Haus der Debora«, europäische jüdisch-feministische Fraueninitiative, gegründet 1998 in Berlin

Bet Din   Rabbinatsgericht, bestehend aus drei Rabbinern

Bima   Bühne, Podest in der Synagoge

Bracha, Brachot (Pl.)   Segen, Segenssprüche

Chabad   chassidisch-messianistische Bewegung

Challa   Schabbatbrot

Chassidismus   Oberbegriff der mystischen Strömungen, die ihren Ausgang im 17. Jahrhundert in Osteuropa haben

Chanukka   achttägiges Lichterfest im Winter; gefeiert wird die Wiedereinweihung des Tempels nach dem Makkabäeraufstand

Chevruta   Studium zu zweit; man soll rabbinisches Schrifttum nicht allein, sondern mit einem gleichwertigen Partner zusammen lernen

Davka   hebräischer Ausdruck, »zum Trotz!«
Drascha, Draschot (Pl.)   Auslegung zu den heiligen Schriften

Gabbai, Gabba'it, Gabba'im, Gabbajot   Synagogenvorstandsmitglied (in den verschiedenen grammatikalischen Formen: männlich, weiblich, Plural männlich und weiblich)
Galut   Diaspora
Gemara   spätantike Kommentare zur Mischna
Gesher LaMassoret   »Brücke zur Tradition«, Name der progressiven jüdischen Gemeinde in Köln
Gojim   Nichtjuden
Gola   Exil

Haftara   Prophetenlesung, die sich dem vorgelesenen Tora-Abschnitt beim Schabbat-Gottesdienst anschließt
Hagada   Erzählung des Auszugs aus der ägyptischen Knechtschaft
Halacha, Halachot (Pl.), halachisch   jüdische Religionsgesetze

Iwrit   modernes Hebräisch

Jamim Nora'im   »ehrfurchtsvolle Tage«, die Zeit zwischen Rosch Haschana und Jom Kippur
Jeschiwa   Talmudschule
Jiskor   Gedenken der Toten
Jom Ha'azma'ut   israelischer Unabhängigkeitstag
Jom Kippur   Sühnetag, wichtigster Feiertag im jüdischen Jahr

Kabbala   Werke der jüdischen Mystik, insbesondere deren Hauptwerk, der Sohar (13. Jh.)
Kabbalat Schabbat   Empfangen des Schabbat, Einleitung des Gottesdienstes am Freitagabend

Kaddisch   Gebet zur Erhöhung Gottes

Keren Kayemet   jüdischer Nationalfonds, mit dem die Aufforstung Israels finanziert wird

Kiddusch   Segen über den Wein

Kippa   Kopfbedeckung im Gottesdienst

Kol Nidre   Eingangsgebet an Jom Kippur, für viele Juden der wichtigste Moment in der Liturgie des Jahres

Koscher   rituell taugliches Essen

Kotel   »Westmauer« oder »Klagemauer« des einstigen Jerusalemer Tempels

Lejnen   Gesangsmodus für die Tora- und Prophetenlesung

Machane, Machanot (Pl.)   jüdisches Ferienlager

Ma Nischtana   populäres Pessachlied, bestehend aus vier Fragen, die den Seder einleiten

Magen David   »Schild Davids«, Davidstern

Maror   Bitterkraut, gehört zu den rituellen Speisen des Seders; Name einer niederländisch-jüdischen Stiftung, die Projekte zur Erneuerung des jüdischen Lebens in den Niederlanden finanziert

Masorti   »traditionell«, konservative Richtung im liberalen Judentum

Megillat Esther   »Estherrolle«, das Buch Esther, das an Purim gelesen wird

Midrasch, Midraschim (Pl.)   spätantike Auslegungen der Rabbiner zur Bibel

Mincha   Nachmittagsgottesdienst

Minjan   zehn Juden; das erforderliche Minimum, um einen gemeinschaftlichen jüdischen Gottesdienst zu halten, in traditionellen Gottesdiensten werden nur die Männer gezählt, in liberalen auch die Frauen

Mischna   »Wiederholung« – die mündliche Tora, bestehend aus sechs Anordnungen von Gesetzen, über die die antiken und spätantiken Rabbiner diskutieren; sie bildet den ältesten Teil des Talmud

Mischne Tora   Gesetzeskompendium des Maimonides (12. Jh.)
Nussach   Vortragsweise im Gottesdienst

Oneg Schabbat   »Freude des Schabbat«, Feier nach dem Kabbalat-Schabbat-Gottesdienst

Parascha   Wochenabschnitt der Tora
Pejes   Schläfenlocken
Pessach   Feier des Auszugs aus der ägyptischen Knechtschaft
Purim   »Lose«, Fest zum Sieg der Esther über den Haman, der alle Juden Persiens vernichten wollte; es wird dabei die Megillat Esther vorgelesen

Rosch Chodesch   Neumond, Beginn des jüdischen Monats
Rosch Haschana   jüdisches Neujahrsfest

Sabra   in Israel geborener Jude
Satan   Widersacher
Schabbat   der heilige siebte Tag der Woche
Schawuot   »Wochenfest«, sieben Wochen nach Pessach, gefeiert wird die Offenbarung der Tora am Berg Sinai
Schechina   »Einwohnung« Gottes, göttliche Präsenz
Schema   »Höre Israel, *JHWH* unser Gott, *JHWH* ist eins«, Kernaussage des Judentums und wichtigste Zeile in der gesamten jüdischen Liturgie
Schiur, Schiurim (Pl.)   Lernstunde, gemeinsames Talmud-Tora Lernen
Schoa   Entrechtung, Verfolgung und Vernichtung der europäischen Juden durch den Nationalsozialismus
Schofar   Widderhorn, das traditionell an Rosch Haschana geblasen wird
Schomer(et) Schabbat   eine Person, die die Gesetze des Schabbat hält, insbesondere das absolute Arbeitsverbot
Schulchan Aruch   Gesetzeskompendium des Josef Karo (16. Jh.)
Seder   der Abend, an dem das Pessach-Fest mit der Lesung der Hagada und rituellen Speisen begangen wird

Sefardisch   »Spanisch«, die von der Iberischen Halbinsel im 15. und 16. Jahrhundert vertriebenen Juden, die in der Folge überwiegend in den Ländern des Mittelmeerraums lebten, sowie ihre Aussprache des Hebräischen

Sidur, Sidurim (Pl.)   jüdisches Gebetbuch

Simchat Tora   Fest zur »Freude der Tora«

Smicha   rabbinische Ordinationszeremonie

Smirot   Lieder

Tallit, Tallitot (Pl.)   Gebetsschal, meist ein weißes Stück Stoff mit schwarzen oder blauen Streifen, an dessen vier Ecken die Zizit, die Schaufäden, angebracht sind

Talmud   mündliche Lehre und dazugehörige Kommentare; neben der Hebräischen Bibel das zweite wichtige Werk der heiligen Schriften für das Judentum, bestehend aus der in der Spätantike verfassten Mischna und Gemara

Tanach   Hebräische Bibel (Fünf Bücher Mose, Prophetenschriften, Hagiographen)

Tefilin   Gebetsriemen

Tarbut   Kultur

Tikun Olam   »Reparatur« oder »Heilung der Welt«

Tora   Fünf Bücher Mose

Torat Hakalkala   Wirtschaftslehre, Tora für die Wirtschaft

Trop   Gesangsmodus für die biblischen Lesungen in der Synagoge

Tur   Gesetzeskompendium des Jakob ben Ascher (13./14. Jh.)

WIZO   Women International Zionist Organization

Zizit   Schaufäden an den vier Ecken des Tallit; in sie ist der gematrische Zahlenwert der 613 Gebote der Tora eingeknotet

Das Ende der Armut

Martin Kämpchen
Leben ohne Armut
Wie Hilfe wirklich
helfen kann.
Ein Erfahrungsbericht
aus Indien
200 Seiten | Flexcover
mit Leseband
ISBN 978-3-451-32327-0

Durch sein Leben unter den Armen ist der Autor mit der
Psychologie der Armut vertraut und mit dem Unterschied
zwischen unbesonnener und sachgemäßer Hilfe. Sein Buch
gibt auf die drängende Frage nach der Armut Orientierung:
Was können, was müssen wir tun, damit Menschen ohne
Armut leben?

In jeder Buchhandlung

HERDER

Lesen ist Leben

www.herder.de

Im Einklang
mit der Natur

Wangari Maathai
Die Wunden der
Schöpfung heilen
Wie wir zu uns selbst finden,
wenn wir unsere Erde
erneuern
240 Seiten | Gebunden
mit Schutzumschlag
ISBN 978-3-451-33254-8

Wangari Maathais Buch ist ein leidenschaftlicher Appell
und eine beispielhafte Anleitung, sich an die alten Weis-
heiten spiritueller Traditionen zu erinnern, im Einklang
mit der Natur zu leben und dem eigenen Leben so wieder
einen Sinn zu geben.

In jeder Buchhandlung

HERDER
Lesen ist Leben

www.herder.de